교회가 모여 교회가 되는 교회

교회가 모여
교회가 되는
교회

정우겸 지음

홍성사.

추천사

평생 올곧게 일구신 그 들판과 이야기가 참 아름답습니다

-김운용 장로회신학대학교 총장, 예배/설교학

16세기, 장로교회 초석을 놓았던 존 낙스(John Knox)가 주도하여
작성한 〈스코틀랜드 신앙고백서〉는 교회와 관련하여 잘 정리된
신학적 고백을 제시합니다. "하나님께서는 모든 시대 속에서
당신의 교회를 보존하시고 가르치시고 증가시키시며, 영광스럽게
하시고 존귀하게 하시며 죽음에서 생명으로 불러내신다." 교회는
"그리스도의 신비스러운 몸"(the mystical Body of Christ)이라고 한
개혁자 마르틴 루터의 주장도 이런 맥락을 제시합니다. 교회를
향한 하나님의 특별하신 섭리와 인도하심을 고백하게 될 때 교회의
시작과 성장은 한두 마디 말로는 다 설명할 수 없는 신비임을
고백하지 않을 수 없습니다. '신비로운 주님의 몸'이라는 관점에서
보면 교회는 본질적으로 영광스러운 공동체이지만 죄성을 가진
인간이 모인 공동체이니 늘 변질할 수 있고, 무기력해질 수 있는
가능성 앞에 서 있습니다. 하늘 보좌를 버리고 이 땅에 오신
주님의 심장에 있던 그 교회, 주님이 미소 지으실 그 교회로 세워
가는 것은 구원받은 성도들의 책무입니다. 그리고 주님의 말씀을
따라 영광스러운 교회로 세워 가는 것은 그 교회가 수행해야 할
의무입니다.

　　남도 끝자락의 섬나라였던 완도 땅에서 이러한 책무를 평생

수행해 오신 완도성광교회의 목사님과 성도님들의 이야기는 늘 신선한 충격이었습니다. 그래서 말로만 듣던 그 현장을 보기 위해 교회 지도자들뿐만 아니라 밤새워 공부하는 신학도들이 먼 남도 끝자락까지 달려가곤 했습니다. 그리고 목회자와 성도들이 한마음이 되어 지난 40여 년을 헌신한 그 이야기가 가슴을 설레게 했습니다. 그 중심에는 영혼을 살리는 일과 주님의 교회를 영광스럽게 세우는 일만을 위해 젊음을 불태우신 목사님과 사모님이 우뚝 서 계셨고, 주님 향한 사랑의 가슴으로 헌신하신 장로님들과 성도님들이 우뚝 서 계셨습니다.

그 섬김의 이야기가 책으로 출간되어 정말 기쁩니다. 영적인 어두움이 깊어지고, 갈수록 사역의 현장에 검은 그림자가 내려앉는 때에 우리 믿음의 선배들이 그랬던 것처럼 첫사랑의 정열 하나로 평생을 달리며 섬겼던 이야기는 목회 현장의 사역자들, 평신도 지도자들, 목회자 후보생들을 깨울 중요한 지침서가 될 것입니다. 아름다운 사역의 이야기를 책으로 엮어 주신 정우겸 목사님의 교회를 향한 열정에 깊은 감사를 드립니다. 현장에 달려갔을 때, 목사님과 성도님들이 한 목소리로 드리는 고백이 깊은 감동의 여운을 남겼습니다. "하나님은 우리와 함께하셨습니다. 우리를 통하여 큰일을 행하셨습니다. 하나님께 영광 돌립니다."

서울에서 남도 끝자락 고향 마을에 다녀오던 주일, 돌아오는 길에 문득 강은교 시인의 시가 생각났습니다.

"자기 밭에 홀로/ 그리고 열심히 씨를 뿌리는 자/ 아름답다/
그 씨가 아무리 하잘것없어 보일/ 허무의 씨앗이라 하여도/
열심히 자기의 밭을 갈고/ 자기의 밭을 덮을 날개를 보듬는
자/ 한 겨울에도 부드러운 흙을/ 자기의 밭에 가득 앉아 있게
하는 자/ 땀으로 꿈을 적시는 자/ 아름답다" (강은교, "그는
아름답다"《허무수첩》, 서울: 예전사, 1996).

불확실성과 모호함이 지배하는 시대에 본서를 통해
주님의 교회는 더욱 영광스럽게 세워지고, 하나님 나라를 함께
섬기는 동역자들의 이야기는 더 아름다워지기를 바라는 마음이
가득합니다.
　　일독을 권합니다.

"평범은 죽음이다"라고 외치는 고수

-홍민기 목사, 라이트하우스 무브먼트 대표

목회가 삶이며 삶이 목회인 진짜 목사님, 완도에서 42년째 현장을
지키시는 정우겸 목사님이다.

집회를 갔다가 처음 뵙고 정 목사님 사택을 갔었다. 그 사택은
목사님의 '홈'이 아니라, 완도성광교회 성도들의 '홈'이었다.
성도들이 자기 집처럼 드나드는 목사님 댁. 그것이 아주 당연하신
목사님과 사모님. 여기는 진짜다. 이곳은 공동체이며 가족이다.
수백 개의 위원회는 성도의 사역터가 되었고 그들은 그냥 성도가
아닌 사역자가 되었다.

그 교회가 완도에 있다. 40년간 오직 성도들을 주의 일꾼으로
세우기 위해 헌신하신 정우겸 목사님의 현장 글이 출판됨을
진심으로 환영하며 강력하게 추천한다. 읽어 보는 것까지는
쉬우나 따라 하기는 어려운 목사님의 목회가 널리 알려지길
기도하면서…….

감사의 말

비록 미천한 종이지만 나의 오늘을 있게 하신 분들께 감히 이
책을 바칩니다.

하나, 하나님께 바칩니다. 예수 믿는 사람이 한 분도 없는
가문에서 거짓말처럼 누님을 통해 교회에 나가게 하시고 예수님을
구주로 영접하게 하셔서 오늘에 이르게 하신 나의 모든 것 되시는
하나님께 감사드리며 이 책을 올려 드립니다.

둘, 부모님께 바칩니다. 필자가 신학교에 간다고 하니까
문중 회의에서 아버지를 소환하여 자식 교육을 어떻게 시켰기에
우리 문중에서 목사 되겠다는 녀석이 나오느냐고 해서 곤욕을
치르시면서도 묵묵히 이 불효자식을 지켜봐 주시고 도와주신,
지금은 하늘나라에 계시는 나의 가장 사랑하고 존경하는 아버지,
어머니께 이 책을 바칩니다.

셋, 나의 분신과도 같은 평신도 사역자들에게 바칩니다.
20대 후반의 젊은 목사가 한 번도 들어 본 적도 없는 무슨 평신도
사역을 한다고 나설 때 도무지 이해 불가였지만 그래도 협력해
주셨던 고월출, 오원형, 송정술, 도문기 장로님을 비롯한 장로님들,
브리스길라와 아굴라처럼 거의 생명 걸다시피 평신도 사역과
전도에 전념하여 전라남도 33개 읍 교회들 중에서 가장 건강하고
큰 교회가 되게 한 평신도 사역자들에게 바칩니다. 모두가 이
분들의 공입니다.

넷, 나의 누님들께 바칩니다. 나를 젖먹이 때부터 교회에
업고 다니시고, 평신도로서 40일 금식기도까지 하시며 동생을
위해 희생을 마다하지 않으신 셋째 누님 정찬자 권사님과 큰누님
정염임 권사님, 지금도 여전히 기도의 용사이신 둘째 누님 정영자
권사님께 바칩니다.

다섯, 아내에게 바칩니다. 민주화운동이다, 인권운동이다
하면서 밖으로만 돌고, 거의 한 주도 거르지 않고 친구들을 데리고
오며, 지금까지 빚으로 사는 남편을 끝까지 믿어 주고 최고의
후원자가 되어 준 나의 사랑 김정미 님께 바칩니다.

여섯, 자녀들에게 전합니다. 가정을 제대로 돌보지도 못하면서
엄하게만 대했던, 아비로서는 빵점이어서 상처도 많았던 나의
사랑하는 아들 평화와 딸 자유에게 이 책을 전한다. 한없이
미안하고 고맙구나!

일곱, 이 책의 원고를 출판사로 보내기 며칠 전에 아내가
수술을 하게 되었는데 김해용, 최민순 권사가 병문안을 와서
말했다 합니다. "우리가 다툰 일 한 번 없이 여기까지 온 게
신기하다. 열심히 전도하고 일하다 보니까 뭐가 서운한지, 다툴
일인지 생각할 겨를 없이 왔는데 돌아보니 그렇게 열심히 사역한
것이 얼마나 큰 은혜인지 이제 알 것 같다."

이런 성도들을 어찌 사랑하고 감사하지 않을 수 있겠습니까?
다시 한번 완도성광교회의 평신도 사역자들에게 감사와 사랑의
마음을 전합니다.

서문

목회를 포기하고, 목사직을 그만둘까 생각하던 힘들고 괴로운 시절이 있었다. 피를 짜서 원고를 쓰듯 설교를 준비하고 설교를 해도 삶의 변화가 없는 성도들! 나름대로 모든 것을 다해서 교회만 붙들고 목회에만 전념을 해도 부흥은커녕 현상 유지도 어려운 교회를 보면서 정말 포기하고 싶었다.

그러나 지금은 감히 '나보다 더 행복한 목사가 있을까?' 이런 생각을 하며 행복한 목회 마무리를 준비하고 있다. 어떻게 이렇게 달라질 수가 있었을까?

결론부터 말하자면 평신도들 때문이다. 더 정확히는 평신도 사역 때문이다. 지금은 소문이 나서 100여 차례 언론에 보도 되었고, 1,400여 교회에서 탐방을 다녀간 교회가 되었다.

그러나 단순히 목사가 가르치는 대상 또는 순종의 대상으로 평신도를 알거나, 목사는 우월하고 평신도는 열등하다는 사고를 가진 목사들은 이 책을 읽을 필요가 없다.

이 책은 평신도도 목사와 같은, 그리고 목사만큼 고귀한 하나님의 자녀요, 귀중한 은사를 받은 성도요, 자기 탤런트(은사, 재능)에 관해서는 목사보다도 훨씬 더 잘하고 크게 일할 수 있음을 인정하는 목사에게는 도움이 될 것이다. 이 책은 그런 사역에 관하여 이루었던 일들을 증언하는 기록이며 보고서이다.

생각해 보자. 기독교 2천 년 역사에 평신도가 교회의 중심에

서서 사역해 본 일이 있었는가? 교회의 주역으로 역할을 해본 일이 있었는가? 같은 의미로 여자 성도들이 그렇게 교회의 중심에 서서 사역해 본 일이 있었던가?

과장된 표현이었겠지만 한때 한국 교회의 신자 수를 1,400만까지 이야기하던 때가 있었다. 그러나 지금은 누구도 그렇게 말하지 못하고 800만 명이라고들 한다. 약 40퍼센트가 줄었다는 뜻이다.

모두가 교회의 위기라고 하는데 위기를 극복할 답은 거의 제시하지 못한다. 교회의 형태는 다양해지고, 전통적인 목회 방법만으로는 품을 수 없는 시대 상황에서 당연히 답이 한 가지라고는 말할 수 없다.

필자는 그 답 중의 하나로 평신도 사역을 제시한다. 이미 오랜 기간 임상을 거쳤고 좋은 결과를 거두었으며, 견학 후 실천하여 좋은 결과를 거두는 교회들도 늘어나고 있기 때문이다.

급변하는 시대 상황 속에서 위기를 절감하고 있는 목회 동역자들에게 위기 극복의 한 방법으로 평신도 사역을 소개하며, 도움이 되기를 소망하며 축복한다!

2023년 9월 30일
빙그레 웃는 섬 완도에서
행복하게 목회하는 목사

정우경

차례

들어가기 전에

　'평신도 사역'을 하는 우리 교회의 특징을 상징적으로 잘 보여
주는 일화를 먼저 소개한다. 2018년 7월 7일에 우리 교단(예장 통합)
호남 어린이 대회가 완도성광교회에서 열렸다. 호남 지역 17개
노회(약 2천 여 교회)의 어린이 대회에서 입상한 어린이들과 교사,
부모들이 3천여 명 참여하는 매머드급 대회다.

　이 행사 확정 전에 필자는 아이슬란드를 방문하기로 되어
있었는데 공교롭게도 일정이 겹치게 되었다. 약간의 고심 끝에
당회를 열어 설명했다. 담임목사 없이 행사 한두 번 해본 것도
아닌데 인원이 조금 많다고 못할 일도 아니지 않느냐? 나야
아이슬란드를 안 가도 되고 연기해도 되지만 평신도 사역이
무엇이겠느냐? 이때 우리 교회 평신도 사역의 진가를 제대로 한번
나타내 보자고 하였다.

　상당한 토론이 있은 후 담임목사는 예정대로 아이슬란드를
방문하고, 호남 어린이 대회는 그대로 치르기로 결정하였다.
그래서 결국 3천여 명의 손님을 치르는 행사는 담임목사 없이 아주
은혜스럽게 잘 마쳤다. 행사 진행 중에 아이슬란드에 있는 내게
전화, 카톡, 문자가 참 많이도 왔다. '병원에 입원했느냐?', '어디
갔느냐?', '왜 없느냐?' 이 질문들에 답하느라고 고생은 했지만 나는
참 뿌듯하고 무척 감사했다.

　이게 우리 교회다! 이게 평신도 사역이다! 담임목사가 없어도

이런 정도는 넉넉하게 할 수 있는 이것이 평신도 사역이다! 30년 넘게 모든 것을 바쳐 펼치고 있는 평신도 사역이 뿌리를 잘 내리고 있구나! 생각하니 감사하고! 행복하고! 우리 성도들이 더욱 사랑스럽고 자랑스러웠다!

담임목사가 있으면 잘하고, 없으면 안 하거나 못하고, 담임목사가 모든 것을 결정해 주거나 지시해야 이루어지는 것은 결코 건강한 교회와 성도일 수 없다! 우리 교회는 설교와 성례전 등 목사가 아니면 할 수 없는 일들 외에는 평신도들이 스스로 토론하고 결정하고 실행하는 건강한 교회요 성도들이다.

어떻게 이런 건강한 교회를, 그것도 한반도의 최남단 어촌인 완도읍에서 이룰 수 있었는지 지나온 40년의 이야기를 이제 나누고자 한다.

1 평신도 사역이란?

1984년 정책당회 때의 일이다. 내년도 제직 등 조직안을 심의하는데 몇몇 당회원 분들이 채순희 집사(현재 은퇴 권사)를 왜 성가대원으로 임명하지 않느냐고 질문을 했다. 저렇게 믿음 좋은 집사를 성가대원 임명해서 봉사하게 해야지 잘못되었다는 것이다. 그래서 "장로님, 성도들의 재능에 대해서는 담임목사가 제일 잘 알고 있으니 맡겨 주세요" 하고 넘어갔다.

그런데 다음 해에도, 그다음 해에도 정책당회만 하면 같은 이야기가 나와서 나도 조금은 짜증스러웠다. 나보다 나이도 많고 전통적인 교회관과 신앙을 가진 장로님들은 믿음 좋으면 다 할 수 있다고 생각하고, 시키는 일을 못한다고 하면 믿음이 없어서 그런다면서 순종하라는 식이었다.

우리 교회는 창립 때부터 주일 저녁예배를 찬양예배라 칭하고, 가족 찬양부터 기관, 단체, 찬양단, 구역, 중창단 등의 찬양을 많이 하는 교회다. 1987년 어느 주일 저녁에 채순희 집사의 가족 찬양이 있었다. 딸 셋과 함께 찬송가 〈내 영혼이

은총 입어)의 악보를 보며 찬양을 하는데 반주와 너무 맞지 않아 두 번을 중단하고 세 번 만에 겨우 마치게 되었다. 그때 교인들이 얼마나 웃었는지 모른다. 이 일이 있은 후로는 정책 당회 때에 그렇게 믿음 좋은 채순희 집사를 왜 성가대원으로 임명 안 하느냐고 말하는 당회원은 없었다.

믿음이 좋다고 어떤 사역이나 다 잘할 수 있는 게 아니다. 믿음 없다고 사역을 못하는 것도 아니다. 하나님께서 내게 주신 은사가 있어야 할 수 있다. 물론 믿음과 은사가 함께 있다면 더할 나위가 없을 테지만 아무리 믿음이 있어도 재능이 없는데 어떻게 잘할 수 있겠는가?

목사가 슈퍼맨이 아니듯 평신도도 그렇다. 평신도 사역이란 하나님께서 주신 그 성도만의 은사를 활용하게 해주어, 기쁨으로 자원하여 사역하는 하나님의 일꾼이요, 목사의 동역자로 세우는 사역이다.

여기서 잠시 바울 사도의 이야기를 들어 보자.

(롬 16:3) 너희는 그리스도 예수 안에서 **나의 동역자들인** 브리스가와 아굴라에게 문안하라

(몬 1:1-2) 그리스도 예수를 위하여 갇힌 자 된 바울과 및 형제 디모데는 우리의 사랑을 받는 자요 **동역자인** 빌레

몬과 자매 압비아와 우리와 함께 병사 된 아킵보와 네 집
에 있는 교회에 편지하노니

(몬 1:24) 또한 **나의 동역자** 마가, 아리스다고, 데마, 누가
가 문안하느니라

이미 알고 있는 것처럼 브리스길라와 아굴라, 빌레몬, 누
가는 모두 평신도이다. 그런데 이 위대한 사도는 그들을 일러
"나의 동역자"라고 표현한다.

평신도 사역은 평신도들이 목회자와 같은 아니, 자기 은
사에 관하여는 목사보다 뛰어나다는 것을 인정하고 동역자
로 세워 함께 하나님 나라를 확장시켜 나가는 사역이다. 아무
일이나 시키는 사역이 아니라, 하나님께서 주신 은사를 찾아
각자에게 맞는 일을 하게 하는 사역인 것이다.

생각해 보라! 자신이 못하는 일을 해야 한다면 좋겠는
가? 재능도 없는 분야의 일을 맡기면서 믿음으로 하라는 말
이 과연 합당한 걸까? 재능에 맞는 일을 맡겼을 때와, 재능과
상관없는 일을 맡겼을 때 어느 쪽이 효율적이며, 즐겁게 할
수 있겠는가?

하나님의 말씀은 이렇게 분명하게 가르치신다.

(고전 7:7) 나는 모든 사람이 나와 같기를 원하노라 그러나 **각각 하나님께 받은 자기의 은사가 있으니** 이 사람은 이러하고 저 사람은 저러하니라

(벧전 4:10) **각각 은사를 받은 대로** 하나님의 여러 가지 은혜를 맡은 선한 청지기 같이 서로 봉사하라

바울 사도도, 베드로 사도도 2천 년 전에 이미 은사대로 사역해야 함을 알고 가르친 것이다! 각각 받은 은사를 활용하여 교회 안과 밖에서 하나님과 교회와 사람을 섬기는 것! 이것이 평신도 사역이다.

이야기 ①

사랑의 성탄케이크 나누기

2002년 성탄축하행사위원회에서 사역계획서가 올라왔는데
내용을 살펴보니 획기적이었다. 대부분의 교회들처럼 우리 교회도
12월 24일이면 어김없이 모든 교인들이 대예배실에 모여 성극을
비롯한 다양한 프로그램을 준비하여 예수님 탄생을 축하하고
즐거워하였었다.

그런데 계획서에는 해마다 해왔던 12월 24일 저녁의
모든 행사를 하지 않고 '사랑의 성탄케이크 나누기'라는 행사
하나로 대체한다는 것이었다. 이것은 당회와도 관계가 있는
중요한 사안이어서 위원장을 불러 구두로 보고하고 설명하라고
요청하였다. 당시 성탄축하행사위원장은 오정임 집사(현재
권사)였는데 위원회에서 많은 회의와 기도와 공부를 통해 최종
결의한 내용이라면서 설명한 것을 요약하면 이랬다.

오 집사가 먼저 질문을 하였다.

목사님, 예수님께서는 예수 믿는 우리만을 위해서 이 세상에
오셨습니까? 아니면 예수 믿지 않는 세상 사람들을 위해서도
오셨습니까?

듣고 보니 당돌했다. '그런 질문은 내가 집사님에게 해야지

집사님이 내게 할 질문인가?' 하는 생각은 들었지만 내색하지 않고
대답하였다.

집사님, 내가 평소에 어떻게 가르쳤습니까? 교인이 목사를
위해 있는 게 아니고 목사가 교인들을 위해 있으며, 사회가
교회를 위해 있는 게 아니고 교회가 사회를 위해 있다고 하지
않던가요? 어떻게 예수님께서 교회 다니는 우리만을 위해
오셨겠습니까? 온 인류를 위해 오셨지요!

그랬더니 오 집사가 다시 반문하였다.

목사님, 그러면 왜 성탄절에 예수 믿는 우리끼리만 교회
안에서 잔치하고 좋아하고 끝내 버립니까? 이대로라면
교회 다니지 않는 사람들하고 성탄절은 아무 상관이 없지
않습니까?

나는 이 말에 망치로 뒤통수를 맞은 듯하여 잠시 동안 아무
말도 할 수 없었다. 잠시 어색한 침묵이 흐른 다음 오정임 집사가
먼저 말하였다.

목사님, 그래서 '사랑의 성탄케이크 나누기'를 하자는
것입니다. 그리스도인이라면 누구든 다른 사람에게 예수님을
전하고 싶고, 사랑의 마음을 전하고 싶은데 그럴 기회나
접점을 잘 찾지 못하여 마음만 가지고 있지 실제로 전하지

못하는 경우가 대부분입니다. 그런데 성탄절이 얼마나 좋은 기회입니까? 케이크를 하나 가지고 마음에 두었던 사람에게 찾아가서 전달하며 평소에 하고 싶었던 말을 하는 것입니다.

"철수 엄마, 받으세요!"
"이게 뭐예요?"
"케이크잖아요!"
"웬 케이크를?"
"철수 엄마, 내일이 무슨 날인지 아세요?"
"크리스마스! 성탄절 아닌가요? 예수님 생일?"
"맞아요! 예수님이 태어나신 날이지요! 그런데 철수 엄마,
그 예수님이 누구를 위해서 세상에 오셨을까요?"

이렇게 이야기를 풀어 나가면서 전도도 하고, 사랑의 마음을 전달하자는 것이지요!

들고 보니 참 기발하고 좋은 아이디어였다. 그래서 시행하라고 오케이 사인을 해주었다. 사실 크리스마스 이브에 그동안 예배당에서 해왔던 모든 행사를 하지 않고 교회 밖으로 나간다는 것은 당회에서 논의해야 하는 중요한 사안이었다.
그러나 당회에 올리면 나이 많은 장로님들을 비롯해서 "사랑의 성탄케이크 전달을 반대하지는 않지만 그렇다고 24일 저녁에 예배당에서 아무것도 하지 않는다는 것은 말이 안 됩니다!" 이렇게 나오면서 당회가 시끄러워질 게 불을 보듯 뻔했다. 그래서

안건을 올리지 않고 그냥 하는 편이 낫다고 판단하여 시행하도록 허락한 것이다.

만약 나중에 당회에서 문제를 제기하면 내가 시간이 촉박하여 당회를 소집하기 어려웠다고 정중하게 사과한다는 것이 내 복안이었다. 그 후 성탄축하행사위원회에서는 하나씩 준비하고 진행하였는데 그 대강의 내용은 이렇다.

제과점과 케이크 계약

당시 우리 교회에는 제과점을 하는 성도들이 네 명이었다. 위원회가 이 네 명을 초대하여 '사랑의 성탄케이크 나누기' 행사의 취지와 방법을 설명하면서 도움을 구하였다.

"주문 양이 많을 것 같으니 여러분이 케이크 하나 값을 5천 원으로 정해 달라. 그러면 주문 들어온 양을 집계하여 네 집에 균등 분배하여 주문하겠다." 이렇게 하여 제과점과 잘 조정이 되었다.

사랑의 성탄케이크 홍보 포스터

성도들에게 케이크 신청 받기

12월 첫 주일부터 예배 광고 시간에 모든 성도들에게 '사랑의 성탄케이크 나누기'를 추진하게 된 취지와 방법을 구체적으로 설명하였다.

그리고 내가 사랑의 마음을 전하고 싶은 사람 숫자대로 케이크를 신청하면 되는데 케이크

1개의 값은 5천 원이며, 신청하는 개인 부담이다. 이렇게 해서
위원회에 케이크를 신청하도록 하였다.

성탄카드 제작

위원회에서는 사랑의 성탄케이크 전달이 더 뜻깊도록 케이크
위에 성탄카드를 올려 함께 전달하기로 하고 제작에 들어갔다.
교회 안에는 또 이런 일에 은사를 가진 성도들이 있기에 그들을
섭외하여 2주 동안 정성스럽게 카드를 만들어 준비하였다.

수요저녁예배 중 진행된 성탄케이크 파송식
(2022년 12월 21일). 정우겸 목사가 각 교구장들에게
대표로 성탄케이크를 전달하였다.

'사랑의 성탄케이크' 파송식

위원장 오정임 집사는 내게 찾아와 24일 오후 4시에 '사랑의 성탄케이크 파송예배'를 드린다고 짧은 설교를 부탁하였다.

당시 우리 예배당은 엘리베이터가 없었고(1985년 건축) 1층은 교육관, 2층이 대예배실이었다. 파송예배를 위해 1층에서 2층으로 올라가는데 2층 로비에 케이크가 산더미처럼 쌓여 있어 깜짝 놀랐다. "우와! 케이크가 이렇게 많아요?" 했더니 "목사님 1,100개밖에 안 됩니다"라는 오 집사의 대답이 돌아왔다.

아주 짧게 파송예배를 마치고 나는 맨 앞자리에 앉아

대량으로 주문한 성탄케이크를 나르는 성도들의 모습이다.

위원회가 진행하는 파송식을 보게 되었다. 위원회에서 성도들에게 케이크 전달 방법을 구체적으로 교육하였다.

케이크를 어떻게 들 것인지, 케이크를 들고 어떻게 걸을 것인지, 초인종을 어떻게 누를 것인지, 비디오 폰 앞에서는 어떻게 카메라를 보고 설 것인지, 누구냐고 물으면 어떻게 대답할 것인지, 문을 열어 주면 인사는 어떻게 하고 들어갈 것인지, 케이크를 전달할 때에는 상황별로 무슨 말을 어떻게 할 것인지, 대화가 잘 되어서 복음을 제시할 상황까지 도달하면 어떻게 할 것인지, 다음 만남 약속은 어떻게 잡을 것인지, 어떻게 헤어질 것인지, 대화 중 금기 사항과 하면 좋을 말 등은 무엇인지.

마치 대기업에서 직원들에게 친절 교육을 실시하는 현장에 있는 느낌이었다. 여기는 완도라는 시골인데 어디서 저런 것을 배웠으며, 어떻게 저렇게 자세히도 가르칠 수 있을까? 참 신기한 느낌을 지울 수 없었다.

주민들에게 '사랑의 성탄케이크' 전달

파송식을 마친 뒤 모두 자기가 신청한 개수대로 케이크를 들고 흩어졌다. 어떤 성도는 1개, 어떤 성도는 5개, 많게는 12개까지 신청한 성도도 있었다. 그 합계가 1,100개였던 것이다. 당시 우리 교회 장년집회 참석 인원이 300명 내외였는데 평균으로 치면 1명당 3개가 넘고, 그래도 출석을 잘하는 성도 평균으로 치면 1명당 2개 정도라고 보면 되겠다.

완도읍은 주민이 2만 명이며 4,500가구다. 우리 교회 성도든지, 다른 교회 성도든지 교회 다니는 사람에게는 케이크를 전달하지 않았으니 케이크 1,100개를 전달하였으면 거의 한 집 건너 한 집씩 전한 셈이다.

군청 등 기관에 대형 케이크 전달

파송식이 있던 24일 오전에는 미리 대형 케이크를 특별 주문하여 군청, 교육청, 경찰서, 수협, 농협 등 완도읍의 주요 기관에 따로 전달하였다. 이런 전달식 등에 담임목사가 참여하는 경우는 거의 없다. 성도들의 자생력을 기르기 위해 대부분 위원회에서 자체적으로 전달하게 하는 것이 필자의 원칙이기 때문이다. 위원회에서 군수 등 기관장을 만나 설명하고 전달하면 여러 면에서 좋은 결과를 거둘 수 있다.

성탄케이크를 전달하기 전 찍은 기념사진이다.

주민들의 반응

2002년 성탄절은 수요일이었는데 목요일부터 온통 케이크 이야기가 읍내 사람들의 중심 화제가 되었다. 인구 2만 명의 작은 시골이기에 그랬겠지만 기대보다 훨씬 반응이 뜨거웠다.

주민들이 서로 만나 "야, 너 성광교회 케이크 받았냐? 못 받았다고? 아니 너는 얼마나 인심을 못 얻었으면 그거 하나를 못 받냐?" 이런 우스갯소리부터 생각지 못했던 이야기들이 많았다. 또 어떤 주민은 교회에 전화를 걸어서 이번에 나누어 준 케이크 하나 줄 수 없느냐고 묻는 코미디 같은 일도 있었다(교회에서 주민들에게 케이크를 나누어 준 줄 아셨던 모양이다).

평가

나는 목사지만 '사랑의 성탄케이크 나누기'를 하기 전까지 전통적인 성탄절 행사에서 벗어나지 못했었다. '어떻게 하면 24일 저녁 행사에 더 많이 모이게 할 수 있을까?', '어떻게 하면 전에 한 번도 안 해본 프로그램을 만들 수 있을까?' 이런 생각을 주로 했었지 교회 밖의 예수 믿지 않는 이들에게로 가야 한다는 생각을 하지 못했다.

그런데 평신도들에게 맡겨 놓으니 예수 믿지 않는 사람들에게도 성탄절이 되도록 만들어 보자는 생각과 방법이 나온 것이다. 물론 개인적인 생각의 차이가 있기 때문에 어떤 목사님들은 더 좋은 아이디어를 낼 수도 있을 것이다. 그러나 목사인 내가 성탄축하행사위원장을 몇십 년을 해도 교회 안에서 어떻게 행사를 더 잘할 수 있을까에 초점을 맞추었지 교회 울타리

밖으로 뛰쳐나가자는 생각을 하지는 못한 것이다.

결론적으로 목사 한 사람의 아이디어보다는 다수 평신도들의 아이디어가 거의 무한적으로 다양하다! 또한 날마다 삶의 자리에서 믿지 않는 이들을 만나 일상을 공유하는 평신도들이 목사보다 더 그들의 마음을 잘 알기에 실제적인 아이디어가 나올 가능성이 그만큼 큰 것이다.

그러므로 위기 속의 교회를 위한 훌륭한 대안은 평신도들의 이런 무한한 잠재력을 최대한 많이 활용하는 데에 있다고 본다. 그리고 이것은 교회에서 시도할 수 있는 집단지성(集團知性, collective intelligence) 활용의 한 예라고도 할 수 있다.

그 후

전국 1,400여 교회가 우리 교회를 탐방했는데, 사례 발표 시 '사랑의 성탄케이크 나누기' 이야기는 거의 빠지지 않고 소개하였다. 그리고 1,400여 교회 중 100여 교회 목사님들이 전화, 카톡, 문자 등 다양한 방법으로 감사의 인사를 전해 오고, 선물을 보내 주기도 하였다.

탐방 후 돌아가서 케이크 또는 자기 교회와 지역에 맞는 다른 물품으로 준비해 그들만의 새로운 전달 방법으로 실시해 보았는데 결과가 아주 좋아서 감사하다는 반응이었다. 다른 교회들의 이런 사례들은 내게도 큰 보람을 안겨 주었다. 그래서 그중 몇 사례들은 우리 교회에 소개하였고, 이 감사는 바로 평신도 사역자인 여러분이 받을 감사였다고 전하였다.

2 　　　　왜 평신도 사역인가?

— 1983년부터

　　대부분의 목사들처럼 필자도 목회 초년병 시절 나름 열심히 뛰었다. 그러나 목회 현장은 열심만으로 되는 곳도 아니었고, 마음먹은 대로 되는 곳은 더더욱 아니었다. 아무리 기도를 하고, 열심히 준비해서 설교를 해도 성도들의 삶은 변화할 기미조차 보이지 않았다. 그런데 예배는 또 열심히 드리는 성도들의 모습을 보면서 신기했다. 이들은 예배 자체가 목적인가? 예배는 많이 드릴수록 좋다는 다다익선(多多益善)인가?

　　시험에 드는 것이 일상화된 성도들이 한두 명이 아니었는데 그들은 주로 교회에 오래 다닌 성도들과 항존직분자들이었다. 또한 이런 성도들은 다른 성도들이 열심히 사역하는 모습도 시기, 질투하고, 흉을 보면서 말을 옮겨 교회를 시끄럽게 하였다. 그러면서도 자기들은 아무것도 하지 않고 입만 가지고 대장 노릇을 하려는 것이다. 다 죽었는데 부활절에 입만 부활한 형국이었다. 예배는 빠지지 않고 드리는데 조금만 자기 마음에 안 들면 시험 들어서 옆 성도들까지 힘들게 해, 그 뒤치다꺼리를 하는 일이 목회 그 자체가 되어 가고 있었다.

이것이 목회라면 이건 아니지 않은가? 왜 본질이 아닌 일들로 목사의 진을 빼야만 하는가? 이런 생각들로 매우 힘들었다. 한국 교회에는 이름하여 '마마보이 신자'가 너무 많다. 교회 다닌 지는 오래되었는데 아직도 자기 믿음으로 서지 못하고, 사소한 일에도 시험 들고 목사를 부르고 목사를 걸고 넘어지는데 이 교인들이 바로 전형적인 '교회 안의 마마보이 신자'이다.

필자는 1976년 4월에 단독목회를 시작하여 세 교회를 거쳐 1982년 11월 완도성광교회로 부임하게 되었다. 세 교회에서 6년 동안 사역하며 위에 기록한 목사로서의 아픔과 어려움을 거의 비슷하게 겪었다. '이런 식의 목회를 계속해야 하는가?' 하는 의문도 떨칠 수 없었다.

교회 안에서 열심히 일하는 성도들은 시험에 들 시간이 없다. 자기 맡은 일 하기도 바쁜데 언제 다른 성도의 문제에 끼어들 시간이 있으며, 말 옮기고 다닐 여유가 있겠는가? 그러나 하는 일이 없는 성도들은 다른 성도들의 문제와 허물이 보이고, 시간이 남아돌아가니까 여기저기 말을 옮기고 교회를 시끄럽게 하는 것이다. 여기서 내린 결론은 이것이다. 성도를 열심히 일하는 사역자가 되게 만들어야 한다! 명목상의 그리스도인이 아니라 헌신된 그리스도인! 제자의 비율을 획기적으로 높여야 한다. 교회 안에서 무슨 일이든 열심히 뛰는 성도가 되게 해야 한다.

　필자의 경험상 성찬 집례, 설교 등 목사가 아니면 할 수 없는 일 말고는 가능한 최대로 평신도 사역자들에게 사역을 맡기고 목사는 본질 사역에 충실할 때 교회는 안정되었고, 성장과 성숙이 이루어졌다. 그래서 목사로서의 이런 수많은 고민과 아픔을 거쳐 평신도들을 사역자로, 동역자로 세우는 평신도 사역을 시작하게 된 것이다.

이야기 ②

평신도 중심으로 진행한
예배당 건축 이야기

1982년에 미역 공장 창고를 임대하여 개척을 시작한
완도성광교회는 1998년도부터 전도에 불이 붙었다. 성도들이
전도에 눈을 뜨니 그야말로 양적인 성장이 폭발적이었다. 이
폭발적 부흥 과정 이야기는 뒤에서 자세히 소개하고자 한다.

1985년도에 건축하여 사용하던 2층 벽돌건물 175평으로는
감당이 안 되어 1999년도에 증축하였지만 그래도 역부족이었다.
당회에서는 2002년도 정책당회 때부터 건축을 하자고 제안하여
2008년까지 해마다 단골 안건이 되었는데 나는 계속 안 된다고
반대하였다.

내가 건축을 반대한 이유는 이렇다. 2000년도에 7억 2천만
원을 빚내어 지역 청소년 시설을 건립하는 등 그동안 우리교회는
지역 문제를 풀기 위해 계속 예산을 들여 일을 해왔다. 그러다 보니
41년 역사에 빚이 없던 기간이 단 2년이었다. 그래서 건축비를
준비하지 않았고, 준비할 수도 없었다. 일단 건축을 시작하면
대부분의 건축비를 또다시 은행에서 빚을 내야 할 상황이었다.
그러면 자연스럽게 선교, 교육, 지역 섬김 사역 등이 위축되어
건축과 채무 청산이 끝나기까지는 정상적인 사역이 어려울 것은
불을 보듯 뻔했다.

"교회가 많은 예산을 건축에 사용하고, 꼭 해야 할 사역을 하지 못하면 그게 어떻게 정상적인 교회이겠느냐? 건물은 낡아도, 주일 낮예배를 여러 번 나눠서 드리는 불편이 있더라도 교회가 해야 할 사역은 이어 가야 좋은 교회이지 않겠느냐? 또 그래야 그게 교회의 머리이신 주님께서 기뻐하실 일이 아니겠느냐?" 이렇게 설득하고 건축을 허락하지 않았다.

그런데 장년만 부흥하는 게 아니고 교회학교 각 부도 순차적으로 모두 100명 이상씩 모이는 은혜를 입게 되었다. 그래서 교회 옆의 2층 80평 건물을 임대하여 성광교회 제2예배실로 사용하게 되었다. 그래도 해결이 안 되어 교회에서 가까운 시장 2층 건물 70평과 50평 홀을 임대하여 제3, 제4예배실로 이름하고 중등부와 고등부 교육관으로 사용하였다.

그래도 부족하여 청소년문화센터 4층 60평을 제5예배실로 사용하였으나 계속하여 부흥하는 장년과 유치부를 비롯하여 유년부, 초등부, 소년부, 중등부, 고등부, 청년부 모두가 애로사항이 많았다. 더구나 이제 교회 주변에 우리가 임대할 수 있는 홀도 없었다. 그래서 나도 더 이상은 버틸 수 없게 되었다.

할 수 없이 2008년 11월 27일 정책당회에서 다시 건축 문제가 나왔을 때에 이렇게 말하였다. "이제 이 안건은 장로 당회원 전원이 찬성하면 나는 인정하겠습니다." 그리고 표결하였더니 만장일치로 찬성하여 가결시키고 건축을 하는 쪽으로 진행하게 되었다.

이 부분은 아주 많은 에피소드가 있지만 건축 준비와 건축 시행에서 담임목사가 아닌 평신도들이 어떻게 사역을 하였는지 세 가지만 소개하고자 한다.

1) 건축위원회 구성

당회에서 건축을 추진하기로 결정하고는 공동의회(세례교인 전체회의)를 소집하여 건축 추진 배경을 설명하고 동의를 받았다. 그리고 길게 당부하였다. "우리 교회는 평신도 사역을 하는 교회이지 않으냐? 그러니 이 큰일도 평신도 사역하는 교회답게 해보자!" "건축실무를 맡을 건축위원회가 있어야 하니 교회의 모든 분야와 부서를 골고루 대표할 수 있는 성도들을 교회학교 학생부터 노년에 이르기까지 선발하여 건축위원으로 임명하자."

어떤 방법으로 구성하면 좋겠느냐고 물어 토론을 하다가 당회에 맡겨 임명토록 결론이 났다. 그래서 당회에서 합의하여 건축위원회를 구성하고 임명하였다.

2) 담임목사의 문제

내가 처음부터 강력하게 주장하고 추진한 문제 중의 하나는 담임목사의 건축위원회 간섭 배제였다.

일단 건축위원회가 발족하면 담임목사는 빠지겠다. 강단 위에 강대상을 하나만 놓을 것인가? 두 개를 놓을 것인가? 이런 신학적 해석이나 적용이 필요한 일 외에는 일체 나에게 묻지 말고, 평소에 평신도 사역하던 것처럼 기도하고, 토론하고, 공부하면서 진행하도록 하였다. 그리고 중간 중간에 건축위원장과 총무를 통해서 진행상황을 보고받고 격려만 하고, 가끔 위원장의 요청이 있으면 나가서 살피는 정도로만 개입하였다.

그 결과 완도라는 이 섬 지역에서 순수하게 평신도들이 1,500여 평의 건물을 완성하는 큰일을 감당하게 되었다. 건축

과정에서 하나님의 위대하심을 많이 경험한 일도 큰 은혜였지만,
평신도 사역도 위대하다는 것을 많이 강조하고 싶은 게 필자의
마음이다.

3) 예배당 건축을 위한 공청회

일단 건축위원회를 구성하여 임명하니 스스로 설계위원회,
입찰준비위원회 등 소위원회를 구성하여 효과적으로 일을
진행하였다.

설계위원회에서는 전체 교인들을 상대로 예배당 설계를
위한 공청회를 연다고 하였다. 교회의 모든 분야마다 미리 대표를
지명하여 발표자를 선정하였다. 교회학교 학생들부터 남녀노소
대표 27명을 선정하고 두 그룹으로 나누어 2009년 8월 2일과 16일
주일 저녁에 예배를 10분 정도로 일찍 마치고 공청회를 열었다.
주제는 '나는 이런 예배당을 원한다!'였으며 열띤 발표와 토론이
이어졌다. 예배당의 크기, 외형, 예배실 좌석 수, 7개의 교육관,
식당의 위치, 편의 시설, 엘리베이터, 장애인 시설, 유리창 모양,
마감재 등 정말로 많은 이야기들이 나왔다.

특히 가장 기억에 남는 네 가지가 있다.

첫째, 서정창 집사의 발언이었는데 "한국과 우리 지역의
인구가 감소 추세에 접어들 것이고, 교회가 계속 부흥만 하지는
않을 테니 이에 대비하는 지혜가 필요하다. 건물을 크게 짓자는
얘기들만 나오는데 인구가 줄고 부흥이 멈출 때를 대비하여
규모를 너무 키우지 않는 게 좋겠다"는 의견이었다. 아주
인상적이었고 충분히 고려해야 할 사안이었다.

둘째, 예배당 전체 건물의 외형 문제였다. 흔히 말하는 기와집 형태, 둥그런 체육관 형태, 철근 콘크리트 기둥식(라멘조), 고전적 디자인(코린트, 비잔틴, 로마네스크, 고딕, 르네상스, 바로크 등), 극장식 등이 있는데 어느 걸 택하느냐였다.

많은 공부와 토론 끝에 누가 봐도 예배당처럼 보이게 짓자, 수리와 리모델링 비용이 거의 들지 않는 방식을 택하자, 유행을 타는 모양이나 마감 소재를 사용하지 말자 등의 의견이 최종 채택되었다. 그래서 고전적 디자인 외형에, 외벽 마감 소재는 대리석으로 결정하였다. 김갑천 안수집사가 이런 안들을 종합해 외부 디자인을 거의 완성하다시피 하여 설계사무소에 맡기게 되었다.

셋째, 식당을 어디에 배치하느냐가 상당한 논쟁거리였다. 여전도회에서는 음식 준비와 이동과 쓰레기 처리에 용이하니 식당은 당연히 1층에 있어야 한다고 했다. 그런데 여전도회 외에는 "아니다! 다른 교회의 예로 봤을 때 1층에 식당이 있으면 2층이나 3층에 있는 예배당으로 음식 냄새가 들어와 좋지 않더라. 그러니 식당은 6층으로 가야 된다!"는 것이었다. 그리고 식자재와 음식물 쓰레기는 엘리베이터로 옮기면 되기 때문에 문제가 되지 않는다고 했다.

이것도 치열한 토론을 거쳐 6층으로 최종 결정되었다. 우리 교회 식당은 6층에 있는데 6층의 높이가 35미터여서 바다와 완도읍이 내려다보인다. 아마 교회 식당 중 우리 교회만큼 전망 좋은 곳이 또 있을까 싶을 정도로 아름답다. 유명한 카페 이상의 전망을 자랑한다. 건물을 완공하고 실제로 사용해 보니 여전도회원들도 6층으로 결정하기를 잘했다고 모두들 좋아하였다.

넷째, 예배당 건축을 위한 365 릴레이 기도였다.

건축설계사무소 선정도 공개경쟁 입찰을 통해 선정하였고,
성도들이 원하는 건축 세부 내용들도 반영하여 설계도도 나왔다.
드디어 2010년 10월 29일 기공예배를 드리고 건축을 시작하였다.
기공예배를 드린 후 주일에 설교하면서 "세상의 건물은 돈으로
짓지만 예배당은 기도로 짓는 것"이라고 강조하였다.

며칠 후 박은희 권사가 찾아왔다. 설교대로 기도해야겠으니
'365 릴레이 기도회'를 허락해 달라고 했다. 건축을 마칠 때까지
성도들이 일주일에 1시간씩 기도에 참여하여 365일 하루도, 한
시간도 빠짐없이 기도하고자 한다고 했다.

허락해 주었더니 다음 주일부터 광고가 나갔다. 예배당 로비에
켄트지 전지를 붙여 놓았는데 가로 칸에는 요일이 7칸, 세로
칸에는 요일별로 24칸이 그려진 도표였다. 성도들이 일주일에
1시간씩 자신이 가능한 칸에 이름을 기록하고, 그 시간을 책임지고
기도하면 된다는 것이다.

그리고 다시 나에게 찾아왔다. 건축을 위해 기존 예배당을
철거해서 기도실이 없으니 컨테이너 기도실을 만들어 달라고 했다.
'당연히 해야지요!' 하고 설치하게 해주었더니 거기에서 눈이 오나
비가 오나 성도들이 자발적으로 참여하여 하늘 보좌를 움직이게
되었다.

2011년 1월 3일에 시작하여 새 예배당 입당 후 해단식 때까지
'성전 건축을 위한 365 릴레이 기도'에 참여한 성도들의 연 인원이
13,200명이었고, 그 기도의 동력으로 건축이 완공될 수 있었으니

실로 크신 하나님의 은혜요, 성도들이 기도로 뿌린 눈물의 결실이 아닐 수 없다.

마지막으로 평가를 해보자. 나는 예배당 건축을 위한 공청회가 자랑스러웠다. 어찌 보면 링컨 대통령의 명언이 우리 교회 건축에 딱 맞는 말이었다. '성도들에 의한, 성도들을 위한, 성도들의 예배당 건축.'

그리고 '성도들이 원하는 것은 불가능한 일만 빼고는 가능하면 다 들어주자'는 공청회의 목적대로 성도들이 원하는 내용을 상세히 메모하여 최대한 설계에 반영토록 하였다. 성도들이 원하는 예배당을, 자신들이 원하는 방법으로 건축하게 되니 자연히 참여도가 높았다.

결론은 예배당 건축도 얼마든지 평신도들이 중심이 되어 기쁨으로 할 수 있다는 것이다. 담임목사와 힘 있는 몇 사람이 아닌, 평신도들이 스스로 필요에 의해서 자발적으로! 기쁨으로! 행복하게 건축할 수 있음을 우리 교회 평신도들이 보여 주었다. 평신도들이 할 수 있는 영역은 교회 안의 작은 일만이 아니다. 아마도 교회에서 예배당 건축보다 큰일은 거의 없지 않을까 한데, 이런 큰 사역도 평신도들이 중심이 되어 훌륭하게 해낼 수 있었으면 그 외에 못할 일이 무엇이 있을까 싶은 생각이 지금까지 평신도 사역을 해온 필자의 입장이다.

영상선교위원회에서 역사 자료를 남기기 위해
직접 촬영한 노을 녘 성전의 모습이다.

3 평신도 사역의 핵심 원리는?

1) 평신도 사역의 이론적 바탕은 '은사론'이다.

(롬 12:6-8) **우리에게 주신 은혜대로 받은 은사가 각각 다르니** 혹 예언이면 믿음의 분수대로, 혹 섬기는 일이면 섬기는 일로, 혹 가르치는 자면 가르치는 일로, 혹 위로하는 자면 위로하는 일로, 구제하는 자는 성실함으로, 다스리는 자는 부지런함으로, 긍휼을 베푸는 자는 즐거움으로 할 것이니라

(벧전 4:10) **각각 은사를 받은 대로** 하나님의 여러 가지 은혜를 맡은 선한 청지기 같이 서로 봉사하라

(고전 7:7) 나는 모든 사람이 나와 같기를 원하노라 그러나 **각각 하나님께 받은 자기의 은사가 있으니** 이 사람은 이러하고 저 사람은 저러하니라

바울 사도는 모든 사람이 자기 같았으면 좋겠다는 생각
도 있었지만 그것은 하나님의 뜻이 아님을 잘 알고 있었다.
하나님께서 각 사람에게 주신 은사가 다르니 어떻게 같을 수
가 있겠는가? 그래서 "우리에게 주신 은사가 각각 다르다"고
하였고, "각각 하나님께 받은 자기의 은사"가 있다고 강조하
였다. 베드로 사도도 "각각 은사를 받은 대로!" 선한 청지기같
이 섬기라고 하였다.

하나님께서 우리 한 사람 한 사람을 세상에 보내실 때에
단 한 사람에게도 은사를 주시지 않고 보내시는 일은 결코
없다. 모든 사람은 하나님께서 주신 자기만의 은사가 있는
것이다.

2) 은사란 무엇인가? 은사를 가장 쉽게 설명하면 이렇
다. '하나님께서 나를 사랑하셔서 내게 선물로 주신 특별한
재능'이다.

정말 소중하고 귀하지만 하나님께서 거저 주신 것이어
서 우리는 은사(恩賜, 임금이 내려 주신 선물이나 물품)라고 부른
다. 전술한 바와 같이 은사가 없는 사람은 단 한 사람도 없다.
다만 자기 은사가 무엇인지 모른 체로 살다가 죽을 수는 있
다. 이것은 비극 중의 비극이다.

그러므로 교회와 목사는 성도들이 하나님께 받은 자기

의 은사를 찾고 활용할 수 있도록 도와주고 이끌어야 한다.

3) 하나님께서는 왜 각 사람에게 은사를 주셨을까? 마태복음 25장 달란트 비유에 등장하는 한 달란트 받은 종은 매우 큰 벌을 받았다. 죄목이 무엇일까? 받은 달란트를 사용하지 않아서였다!

이 달란트 비유에 우리에게 은사를 주신 목적이 명확하게 드러나 있다. 하나님께서 우리에게 주신 달란트가 크든 작든, 많든 적든 잘 사용하라는 것이다. '은사를 사용하라! 사용하지 않고 묻어 두면 그게 바로 죄다'라는 뜻이다. 그러면 그 은사를 어디에, 어떻게 사용하라는 의미일까?

첫째, 사명 감당의 수단으로 주셨다. 은사 없는 사람이 없듯이, 사명 없는 사람도 없다. 하나님께서는 사명을 감당할 수 있는 수단으로 활용할 수 있도록 은사를 선물로 주신 것이다.

둘째, 재능에 맞는 직업을 선택하여 경제적으로도 여유롭게 살라는 것이다. 가기 싫은데 마지못해서 출근하는 사람은 거의 현재의 직업과 재능이 맞지 않는 경우이다. 그러나 직업과 재능이 일치하면 일이 즐겁기 때문에 직장생활도 잘할 수 있다.

인구비례로 따지면 지구상에서 스타트업이 가장 많은 나라가 이스라엘인데 1인 기업이나 10인 이하의 벤처 기업이 아주 많다. 그들은 잘하는 한 가지의 기술로 회사를 설립하여 승부한다. 애플, 삼성, 현대자동차를 비롯한 세계적인 기업들이 이런 스타트업을 거액을 들여 인수하여 활용한다. 은사는 이렇게 경제적으로 여유도 주는 것이다.

셋째, 사람은 잘하는 일을 할 때에 행복해진다. 그러므로 하나님께서 각자에게 주신 재능을 잘 연마하고, 최대한 활용해서 신나고 재미있게 살라는 것이 하나님의 뜻이다. 잘하는 일을 해야 박수도 받고, 나도 기쁘고 모두가 행복해지지 않겠는가?

넷째, 주신 은사로 섬기라는 것이다. 교회와 세상 속에서 은사를 가지고 사역자로 섬기고, 다양한 방법으로 봉사하면 그 자체로 세상은 조금씩이라도 좋아지고, 그리스도인에 대한 인식이 달라지고, 하나님께서는 영광을 받으신다.

(마 5:16) 이같이 너희 빛이 사람 앞에 비치게 하여 그들로 너희 착한 행실을 보고 하늘에 계신 너희 아버지께 영광을 돌리게 하라

다섯째, 세계적인 사람이 되어 하나님의 이름을 높이라는 것이다. 믿음 좋은 그리스도인이 은사를 활용하여 세계적인 사람이 되었을 때에 그는 하나님을 찬양하며, 하나님의 은

혜임을 고백한다.

　일례로 세계적인 프로골퍼 최경주 선수가 있다. 한국선수 최초로 미국프로골프(PGA)에 진출해 우승을 거둔 선구자적인 인물이다. 그가 우리 교회에서 두 번의 간증을 하였다. 우리 교회에는 최경주 선수 기도후원위원회가 있어 열심히 기도했는데 그 응답으로 간증 초청에 응해 주었다.

　그의 간증은 참 은혜스러웠다. 자신을 어떻게 연단시키시고, 일본으로, 미국으로 인도하시며 우승하게 하셨는지를 이야기하는데 구구절절 하나님께서 하신 일이었음을 증언하였다. 참석자들이 모두 감동하면서 하나님께 영광을 돌리게 되었다. 그 후로 여러 방송에 출연하고, 대형 교회들의 초청을 받아 간증을 하였고, 미국에서도 많은 교회들에서 간증을 하였다. 한 사람의 좋은 그리스도인이 세계적인 사람이 되면 이렇게 하나님께서도 그로 말미암아 큰 영광을 받으시는 것이다.

　자기에게 재능이 없는 분야는 아무리 훈련하고 연습해도 잘하면 중간 정도나 할 수 있다. 그러나 재능이 있는 분야는 열심히 하면 세계 최고도 될 수 있다. 하나님께서는 바로 그 재능을 우리에게 주셔서 세계적인 가능성까지를 열어 두셨다. 주신 탤런트를 제대로만 활용하면 세계적인 하나님의 사람이 될 수 있으니 이 얼마나 크고 놀라운 은혜인가?

4) 교회 안에서 인정받는 성도가 되게 하라. 사람은 누구든 어느 모임에 들어가면 거기에서 인정받고 싶어 한다. 인정을 받으려면 잘하는 것이 있어야 한다. 교회에서도 그렇다. 그 성도가 잘할 수 있는 일을 할 기회를 주어야 그 일을 하면서 인정을 받고, 자기 존재감을 느끼면서 그 교회에 잘 정착하고 공헌도 할 수 있지 않겠는가?

그러므로 성도 한 사람, 한 사람이 잘할 수 있는 사역을 맡기되 사역부서가 없으면 만들어서라도 맡겨야 한다. 그래서 완도성광교회에서는 기회 있을 때마다 이렇게 외치게 하고, 스스로 대답하게 한다. "나는 성광교회에서 무엇 하는 성도인가?"

5) 지금까지 기술한 대로 평신도 사역의 원리는 바로 하나님께서 모든 사람에게 주신 은사를 신앙적으로 적용하고 활용하는 것이다.

전도작전 전야제

완도성광교회에는 7주 동안 진행되는 주력 전도 프로그램이
있다. 이 기간에 적으면 120여 명, 많을 때는 300여 명까지
등록하는 매우 효과적인 전도 프로그램이다. 교회 창립 11년째인
1993년부터는 '여리고 전도작전'이라는 이름으로, 그리고
2013년부터 현재까지는 '새생명 축제'라는 이름으로 진행해 오고
있다. 이 여리고 전도작전도 평신도들이 기획, 추진, 진행하는 것이
특징이다.

2009년 여리고전도작전위원회로부터(위원장: 이영철 집사,
현재 장로) '여리고 전도작전 전야제'를 한다는 사역계획서가
올라왔다. 사실 나는 100여 개 나라를 돌아보면서 교회들도 많이
견학하였지만 2009년 기준으로 '전도작전 전야제'는 들어 본 일이
없었다. 내용도 획기적이었다. 내일부터 전도작전이 시작되면
오늘 오후에 전야제를 하는데 1부는 유명 가수 초청 음악회, 2부는
음식축제, 3부는 바자회로 진행한다는 계획이었다.

전도작전 전야제

'전도작전 전야제'를 더 자세히 소개하겠다. 1부는 음악회이다.
불신자들이 예배에 나오기를 꺼려 하니 유명한 가수를 초청하여
음악회를 열고 전도 대상자를 초청한다. 전도 대상자에게 예배가

아닌 음악회라고 권면하고 초청하여 일단 예배당 안에 오게 한다.
그다음에 프로그램과 복음 제시로 승부를 건다는 내용이었다.

가수는 그해의 전도 주 타깃(대상)에 맞게 초청하는데,
2009년도 주 타깃은 노인층이어서 민요가수인 김세레나 씨를
초청할 계획이었다.

다음 해인 2010년 17회 여리고 전도작전 전야제에는 중년
여성들이 주 타깃이어서 미성으로 여성들에게 인기 있는 가수
윤형주 씨를 초청하여 3천 명 이상 수용 가능한 완도 농어민
문화체육센터에서 음악회를 개최하기도 하였다.

2부는 음식 축제다. 2층 대예배실에서 음악회가 끝나면
음식이 준비되어 있는 1층으로 안내한다. 1층에는 호텔 뷔페처럼
다양한 음식을 예쁘게 진열해 놓았다. 이 식사를 위하여
위원회에서는 사전에 교구장, 구역장 회의를 통하여 음식을
준비시킨다. 단순하고
돈이 별로 안 드는 음식은
구역별로 한 가지, 돈이
많이 들거나 손이 많이 가는
음식은 3~5개 구역이 함께
준비한다.

5시 30분에는 식사를
시작할 수 있도록 음악회가
진행되는 오후 4시에 모든
준비를 마친다. 음악회가
끝나면 전도 대상자들이

2004년 10월 9일에 열린
여리고 전도작전 위원들의 단체사진

자연스럽게 1층으로 내려와서 자신이 원하는 음식을 직접
가져다가 먹게 한다. 음식 준비도 그해의 주 전도 타깃이 어떤
그룹인지에 따라 달라진다. 노인층, 청년층, 중년층 등에 따라
선호하는 음식으로 준비한다.

　　3부는 바자회다. 음식 축제장에서 식사를 마친 전도
대상자들을 바자회장으로 안내하여 쇼핑을 하게 한다. 처음에
기획된 바자회는 전도를 위한 것이었기에 수익이 아니라 주민들의
마음을 얻는 데에 초점이 맞추어져 있었다. 그래서 생활필수품
중심으로 100여 가지 상품을 진열해 놓고 사 가게 하되 무슨
물건이든지 500원, 1,000원(1993년 기준)만 내고 가져가게 하였다.
물건은 당연히 수천 원에서 수만 원짜리 정품이다. 돈이 없으면

여리고 전도작전 전야제 모습

그냥 가져가도 된다고 안내한다.

개막식 테이프 커팅 이야기

7주간의 전도작전 전 개막식을 하는데 식전에 찬양단의
인도로 함께 찬양을 한 후 시간이 되면 개막식을 시작하였다.
사회자의 선언과 안내에 따라 예배당 앞 큰 도로 앞쪽에 목사와
장로들과 위원회 임원들이 서서 테이프 커팅을 하는데 이때
시간에 맞춰 폭죽이 터지고, 풍선 수백 개가 날아가며 오색종이가
하늘에 뿌려져 장관을 이뤘다. 다들 박수를 치며 환호하는데 누가
봐도 아름답고 멋있는 광경이었다.

처음 몇 년 동안은 별 생각 없이 그렇게 하다가 위원회의
계획에 따라 테이프 커팅 멤버가 교체되었는데 이게 획기적이었다.
2010년 위원회 계획서에는 담임목사만 놔두고 테이프 커팅 멤버를
모두 교체한다고 되어 있었다. 그러면 누구로 교체한다는 것일까?
필자도 깜짝 놀랐다. 교회와는 아무 상관이 없는 사람들이었기
때문이다. 위원회가 올린 명단에 있는 이들은 완도읍에 있는 열두
마을의 부녀회장단이었다!

23년 전의 일이니까 참신해도 너무 참신한 아이디어였던
것이다! 나도 놀라기는 했지만 내 마음과 입에서는 곧바로 '바로
이거야!' 하는 탄성이 튀어나왔다. 그래서 바로 오케이 사인을 내고
사역을 진행하도록 하였다. 또 한번 우리 성도들이 사랑스럽고
자랑스러운 순간이었다! 그때 부녀회장 12명을 전수 조사
하였는데 2명은 그리스도인이었고, 10명은 비그리스도인이었다.

당일 테이프 커팅식에서는 목사인 나와 마을 부녀회장 12명이

함께했다. 하얀 장갑을 끼고 꽃송이를 가슴에 달고 안내에 따라
커팅하는데, 폭죽이 터지고 오색종이가 하늘에서 쏟아지며 풍선은
하늘로 날고 카메라 플래시는 연신 터졌다. 사람들은 환호하고
정말 평생 잊지 못할 장면을 연출하였다.

　　이날 행사가 모두 끝나고 위원회에서 부녀회장들을 위해
정성껏 준비한 선물을 한 아름 안겨 주었다. 그리고 당일 찍은
사진은 며칠 후에 액자와 사진첩에 담아 따로 전달하였다.

새로운 테이프 커팅 멤버

　　마을 부녀회장단을 초청하여 커팅식을 한 후 다음부터는 매년

이웃 돕기 사랑의 바자회 중 장난감을 고르고 있는
모자(母子)의 모습이다.

멤버들을 바꾸었다. 완도읍 열두 마을의 이장단, 소년소녀가장들, 다문화 가정의 결혼 이주 여성들, 완도읍 미화요원들, 교회 주변 상가의 주인들, 열두 마을의 노인회장들, 지역의 택시 기사들을 초청하였다.

결과와 총평

전도작전 개막식 테이프 커팅 멤버들을 주민들로 바꾼 후 가장 크게 효과를 본 경우는 부녀회장단이었다. 일반적으로 대한민국 마을 부녀회장들의 공통점 중 첫 번째는 말을 잘하고 강하다는 점인데 정말 그러했다.

우리 교회에서의 개막식이 끝난 후 주민들 중 누군가가 교회에 대해 좋지 않은 이야기를 하면 부녀회장들이 가만히 있지 않았다. "알지도 못하면서 그렇게 말을 함부로 하면 안 된다"부터, "내가 교회에 가 봤는데 참 좋은 곳이더라"까지 웬만한 것은 그녀들이 막아 주고, 변호해 주었다. 정말이지 기대 밖의 성과이자 보람이었다. 부녀회장 가운데 당시에 교회에 전도되어 나온 사람은 1명뿐이었지만 그 이상의 결과를 거둔 것이다.

또한 지역 신문들이 개막식 테이프 커팅 멤버로 참여한 주민들의 사진과 내용을 기사화하여 홍보 효과도 만점이었다. 나는 지금도 테이프 커팅 멤버로 주민들을 추천한 여리고 전도작전 위원들을 정말 자랑스럽게 생각하며 감사하고 있다. 또한 이것이 "평신도 사역이다!"라고 자랑한다.

이웃 돕기 사랑의 바자회 단체사진

4   목사와 평신도 사역자의 관계는?

안타까운 사실 하나를 소개하고자 한다. 그동안 완도성광교회를 탐방한 교회 수는 1,400여 개 처에 달하는데 견학한 교회의 목회자나 성도들은 분명 평신도 사역에 관심이 있었기에 방문하지 않았겠는가? 그런데 돌아가서 실제로 평신도 사역을 실시하는 교회 수는 10퍼센트에도 미치지 못한다. 왜일까? 대부분 목사와 평신도 사역자들의 관계에 대한 이해 부족 또는 오해 때문이다.

그러면 평신도 사역에서 목사와 평신도 사역자들의 관계는 어떤 것이고 어떠해야 하는가? 스포츠로 비유하면 코치와 선수의 관계이다. 훌륭한 선수에게는 훌륭한 감독이나 코치가 있게 마련이다. 같은 이치로 훌륭한 감독이나 코치는 훌륭한 선수를 길러 낸다. 코치는 선수가 아니며, 선수는 코치가 아니다. 역할이 다르다는 뜻이다.

코치와 선수를 구분하여 예를 들어 보자. 유능한 코치는 선수들의 장점과 특기를 잘 찾아내고 도와주며, 선수들을 잘 훈련시킨다. 역량을 최대한 이끌어 내고 즐겁게 뛰도록 분위기와 상황을 조성하며 자신감을 심어 주고 격려한다. 또한 선수를 사랑으로 대하고 모든 것을 쏟아붓는다.

훌륭한 선수는 코치를 신뢰한다. 코치의 지도를 잘 따르고 훈련을 잘 소화한다. 훌륭한 선수는 코치를 뛰어넘는다. 스포츠 자체를 즐기고 동료 선수와 협력한다. 코치의 노고와 마음을 잘 알고 인정하며 존중한다.

이런 유능한 코치와 훌륭한 선수는 바로 유능한 목사와 훌륭한 성도와 같다. 유능한 목사는 평신도들이 은사를 빨리 찾도록 도와주고, 최대치로 활용하도록 끊임없이 격려하며 믿고 사역을 맡겨야 하는 것이다.

그래서 환상의 드림팀을 만들어야 한다. 많은 목사들이 유능한 담임목사와 잘 훈련된 부목사들이 함께 뛰는 것을 드림팀이라고 말한다. 물론 틀린 말은 아니지만 필자는 진정한 의미의 환상적인 드림팀은 유능한 목사와 훌륭한 평신도 사역자들의 조합이라 생각한다. 그리고 이것이 성경적이라 확신한다.

유능한 코치 같은 목사가 잠재력이 무궁한 평신도들의 은사를 제대로 끌어내어 최대치로 사용하게 하여 세계적인 평신도 사역자가 되는 것이야말로 얼마나 아름답고 멋진 일인가? 생각해 보라! 세계적인 신학자가 많은 나라의 교회들이 어떻게 되어 가고 있는지를! 그 교회들은 거의 살아 있다고 말하기가 어려운 지경 아닌가?

우리에게는 세계적인 평신도 사역자가 필요하다! 하나님이 주신 은사를 활용하여 하나님의 뜻을 이루어 드리고 많은 사람을 유익하게 하며, 많은 영혼을 감동시켜 예수를 영접하게 하는, 예수님 닮은 평신도들이 많아야 하지 않겠는가? 한국 교회와 세계 교회가 살 길 중 하나는 평신도들이 자기 은사에 따라 사역자가 되어 소금과 빛의 역할을 다하는 것이다.

필자가 섬기는 교회가 완도라는 어촌에 있음에도 계속하여 부흥하고, 지역사회에 선한 영향력을 끼치는 이유는 목사가 잘해서가 아니라 지역사회 은사를 활용하는 훌륭한 평신도 사역자들이 많기 때문이다. 지역사회 곳곳에서 날마다 믿지 않는 주민들과 얼굴을 맞대고 사는 사람은 목사가 아니라 성도들이다. 성도들의 삶의 현장인 직장과 마을, 가정과 각종 모임에서 은사를 활용하고 예수 제자의 삶을 살아 낼 때에 세상은 조금씩 달라진다.

그것은 전적으로 훈련되고 은사를 활용할 줄 아는 평신도들의 몫이며, 그 평신도를 사역자로 만드는 것은 목사의 몫이다. 그러므로 목사와 성도, 목사와 평신도 사역자의 관계는 유능한 코치와 훌륭한 선수와도 같은 것이다. 이것이 바로 환상의 드림팀 아니겠는가?

이야기 ④

목사가 없어도
잘 돌아가는 교회

이미 언급했지만 3천여 명의 외부인이 손님으로 몰려오는
상황에 담임목사가 자리를 비우고 외국으로 나갈 수 있는 교회가
과연 얼마나 될까? 더구나 완도라는 한반도의 최남단 벽지에서
꿈이나 꿔 볼 수 있는 일일까? 그런데 그 일이 되는 교회가
완도성광교회다! 장년 출석 500여 명인데도 충분히 가능하다!
이것이 평신도 사역이다.

완도성광교회는 담임목사와 부목사 3명, 협동목사 2명,
전도사·교육전도사 3~5명, 사무간사와 관리 간사 2명 등 9~11명의
동역자들이 함께 사역한다. 그런데 담임목사는 사무실에 출근을
하지 않는다. 조회와 종례, 직원 큐티 등 사무실 운영은 선임
부목사가 한다. 그리고 교회의 구체적인 사역들은 800여 개의
평신도사역위원회가 한다. 이런 사역들은 담임목사가 있다고 잘
되거나, 없다고 안 되거나 하는 것이 아니다. 목사가 있든지 없든지
자기 탤런트에 따라 맡은 사역에만 충실하면 되기 때문이다.

담임목사는 평신도사역위원회가 하는 일에 직접 참여하는
경우도 거의 없다. 예를 들어 불우이웃 돕기, 구제, 독거노인들과
소년소녀가장 가정에 도시락 배달 등에 목사가 가서 대표로
전달하고, 인사하고, 사진 찍는 등의 일은 일체 하지 않는다. 위원회

자체에서 모두 소화하도록 하고 있다. 물론 여러 이유가 있지만 우선 목사가 얼굴만 내미는 일은 하지 않는 게 좋다. 직접 헌신하는 평신도들이 그런 역할을 해야 보람도 생기고, 더 열심히 할 수 있는 동기부여도 되지 않겠는가? 권위주의 정권의 모습처럼 힘든 일은 하급 공무원들이 다하고, 얼굴은 윗사람이 다 내고 사진만 찍고 가는 행태를 교회까지 따라 하는 것은 부끄러운 일 아닌가?

필자는 코로나19 바이러스 사태가 터지기 전까지 해마다 30회 내외의 초청 세미나를 인도하기 위해 전국으로 다녀야 했고, 지금까지 약 100여 개국을 돌아봤다. 어떤 때는 1년에 외국을 일곱 차례나 나간 적도 있었다. 그러면 얼마나 교회를 자주 비웠겠는가? 그렇게 교회를 많이 비웠지만 이게 문제가 된 일이 없었다. 성도들이 자기 위치에서 맡은 일을 열심히 하기 때문이다.

어쩌다가 오랫동안 외국에 안 나가고 계속 보이면 교인들이 이렇게 묻기도 한다. "목사님, 어데 안 나가세요?" 그러면서 이렇게 말하기도 한다. "목사님, 걱정 마시고 목사님 일 하세요. 교회 일은 우리가 할 테니까요. 목사님은 영감 있는 말씀만 잘 전해 주세요!"

이런 교회가 어디 있겠는가? 무슨 외국을 그렇게 돌아다니느냐고 힐난하는 것이 아니라, 오히려 목사를 격려하고 영감 있는 말씀만 전해 달라니! 그저 감사할 뿐이고, 평신도 사역은 정말 대단하다고 내 자신도 놀랄 때가 한두 번이 아니다.

담임목사가 없어도 예배는 어떤 목사가 인도하든 할 것이고, 설교도 어떤 목사가 하든 할 것이니 평신도 사역자들은 그 예배에 참석하여 하나님의 음성을 듣고, 또 그 말씀을 적용하며 살면서 평신도 사역자로 산다! 진정 은혜가 아닐 수 없다.

5 평신도 사역자 교육은 어떻게?

　　제자훈련 한두 가지 안 해본 교회가 있을까 싶을 정도로 실효성이 있든 없든 많은 교회들이 경쟁적으로 이런저런 훈련 프로그램을 도입하여 실시하고 있다. 모두 좋은 일이기는 하나 효과 측면에서는 점수를 높이 주기가 쉽지 않다. 왜냐하면 그렇게 과정을 이수한 성도들의 삶이 헌신된 그리스도인으로 얼마만큼 변화했으며, 교회 내외에서 어떻게 사역자로서 살아가고 있는가 생각하면 긍정적 평가가 어려운 것이다. 성도 본인이 하고 싶은 마음이 없는데 권유를 거절하지 못하고 하다 보면 교육의 효과는 떨어질 수밖에 없다.

　　필자도 성도들을 강권하여 꽤 많은 훈련을 실시했지만 결과가 그리 좋지 않았다. 머리만 키우고 귀만 높였지 예수님의 제자다운 삶으로의 변화가 너무 기대 이하였다. 그래서 성경 지식만 늘리고 삶의 변화를 가져오지 않는 공부와 훈련은 다시는 하지 않겠다고 다짐하고, 교회에서도 선포하였다. 그리고 현재에 이르렀는데 그 내용을 짧게 소개하고자 한다.

1) 교회에 출석한 지 얼마 안 되는 성도라도 단순하고 쉽게 할 수 있는 사역에 먼저 투입한다. 예를 들면 주보 제책, 교회 인쇄실 봉사, 주차 안내와 운전 등 신앙이 없어도 마음만 있으면 할 수 있는 사역을 맡긴다.

아무리 쉬운 일일지라도 사역하면서 성도들을 만나고 대화하다 보면 자연스럽게 자신이 사용하는 용어나 여러 개념들의 차이가 많이 나서 '이대로는 안 되고 뭔가 배워야 제대로 교제도 하고 일도 할 수 있겠구나'라고 생각하게 된다. 사실은 이것을 노리고 초신자들을 사역에 투입하는 것이다.

2) 교회에서는 이런 성도들을 겨냥하여 교육과 훈련에 대한 광고를 한다. '나에게 하라는 말이구나!' 이걸 느끼지 못할 만큼 자연스럽게, 교회에서는 늘상 있는 일로 느끼도록 한다. 그래서 본인이 스스로 신청서를 작성하게 유도하는 것이다.

3) 이때의 교육 내용은 이렇다. 지난 40년 동안 베델 성경공부, 크로스웨이 성경공부, 트리니티 성경공부, 일대일 양육훈련, 제자훈련 등을 하였는데 2013년부터는 TEE로 일원화하였다. TEE를 진행하면서도 전술한 바와 같이 머리 키우고 지식 늘리는 훈련이 되지 않도록 모든 과정을 삶의 변화에 맞춰 진행하고 있다.

4) 사역자의 필수 과정 첫 번째는 MBTI(성격 유형) 세미나이다. 완도성광교회는 MBTI 세미나를 정기적으로 개최한다. 그래서 성도들이 16개의 고유한 성격 유형 중 어느 쪽에 속하며, 그 성격 유형의 특징과 장단점은 무엇인가를 파악하도록 한다.

MBTI 세미나는 자기 자신을 이해하기 위한 것이지만, 다른 사람에 대한 이해도 돕는다. '어떻게 저런 사람이 있을까?' 하고 생각했던 사람에 대해서도 '아하! 그럴 수도 있겠구나' 하며 이해가 된다는 좋은 점이 있었다.

5) 사역자의 필수 과정 두 번째는 은사 세미나이다. 평신도 사역은 은사에 기반하기 때문에 자신의 은사를 아는 것은 매우 중요하다. 그래서 2-3년마다 주기적으로 은사 세미나를 연다. 처음 참여하는 성도들이 주를 이루지만 거듭 참여하는 경우도 꽤 많다.

은사 세미나의 내용은 은사의 발견, 배치, 활용, 평가 등이 포함된다. 주로 성경적 은사 분류법으로 봤을 때 나의 은사는 무엇이며, 교회 안에서는 어떤 분야에서 사역하면 맞겠는가 등을 배운다. 이 세미나를 이수하면 MBTI 세미나의 결과와 함께 성도 개인 자료에 기록하여 관리한다.

6) 사역자의 필수 과정 세 번째는 QT 세미나이다. 그리스도인이 날마다 하나님과 소통하고 하나님의 음성을 들을 수 있다면 사실 슬럼프에 빠질 일도, 시험 들 일도 없다. 그래서 예배도 소중하지만 말씀 묵상과 QT 역시 중요하고 필수적인 요소이다.

그래서 우리 교회에서는 은사 세미나보다도 더 자주 QT 세미나를 개최하여 반복적으로 참여하고, 삶에 적용할 수 있도록 강조한다. QT를 생활화하도록 카톡으로 다수의 QT 나눔방을 개설하여 함께 나누고 격려하고 실제적인 도움이 되도록 운영하고 있다.

7) 항존직 피택자 교육이 있다. 어떤 의미로든 장로, 권사, 안수집사 등 항존직분자는 중요하다. 이들은 평신도 사역의 중요한 축을 이루기도 한다. 우리 교회에서는 이들이 공동의회에서 뽑히면(피택) 약 1년 6개월 동안 아주 강도 높은 훈련과 교육을 실시한다.

사실 대부분의 교회들이 항존직분자 교육을 제대로 못하는 안타까운 사례를 무수히 보고 있다. 이들이 임직을 하기 전에 제대로 교육하지 못하면 다시는 교육 기회가 없을 가능성이 많다. 장로로 임직한 후에 목사가 장로를 제대로 교육했다는 이야기를 들어 본 일이 있는가? 없지는 않겠지만 거의 없다. 현실적으로도 쉽지가 않다. 피택 후 임직할 때까지의 기간이 최고의 기회이며, 실제적으로 마지막 기회일 가능성이 아주 높다.

그래서 우리 교회에서는 피택자들이 약 18개월 동안 훈련받는 기간에 열 가지를 완료한다.

하나, 15권의 책을 읽고 제출하고 발표한다.

둘, 기도의 이론을 가르친 후 그 이론에 의하여 각기 다른 제목으로 된 102장의 기도문을 제출한다.

셋, 성광교회의 7대 비전을 A4용지 7장에 요약하여 제출한다.

넷, 임직 전까지 1명 전도, 성경 1독, 끊을 것 3가지, 실천할 3가지, 성경통신과 수료, TEE 1단계 수료 등을 완료해야 한다.

다섯, 3박 4일 동안의 영성훈련을 수료해야 한다.

여섯, 18개월 동안 주 1회 하는 교육에 10퍼센트 이상 결석하면 임직을 못한다.

일곱, 교회 자체 QT반을 수료해야 한다.

여덟, 선진 교회 견학과 보고서를 제출한다.

아홉, '내가 담임목사라면 이렇게 해보겠습니다'를 제출한다.

열, '나는 이런 직분자가 되겠습니다'를 제출한다.

위의 제출물 중 마지막 10번은 소책자로 만들어 임직식이 있는 날 참석자 모두에게 배포한다. 그리고 이 소책자들을 모아 나중에 단행본으로 출간해 배부한다. 이렇게 하는 이유는 임직 후로도 자신의 다짐을 기억하고, 변함없이 사역하도록 거울로 삼게 하기 위함이다.

이상과 같이 강력하게 교육, 훈련하고 이수자에 한하여 임직을 실시한다. 그 결과 하나님의 은혜로 항존직분자 때문에 시끄럽거나 문제가 생기는 일은 아직까지는 없었다.

8) 이제 평신도 사역자 교육에서 가장 강조하고 싶은 부분을 기술하고자 한다. 이상의 교육이 물론 필요하고 중요하지만 결정적으로 중요한 것이 있으니 목사와 평신도 사이의 신뢰감 조성이다. 그런데 이게 말로 되는 것이 아니고, 교육으로 되는 것도 아니라는 데 어려움이 있다. 필자의 경험으로는 평신도 사역과 목회 자체의 성패가 여기에 달려 있다고 해도 과언이 아니다. 그러면 어떻게 해야 할까?

예수님을 생각해 보자. 복음서를 자세히 살펴보면 예수님께서 사도들을 훈련하실 때 요즘 신학교에서 가르치듯 커리큘럼을 가지고 정규 교육 하듯 하시지는 않으셨다. 대신 함께 길을 가시고, 함께 잡수시고, 함께 말씀 사역과 치유 사역을 하시고, 질문하면 답하시고, 필요하면 가르치시고, 함께 전도 여행을 하셨다.

이렇게 친근하게 거리감 없이 모든 것을 보여 주셨다. 함께 생활하시면서 자연스럽게 예수님의 신앙과 인격과 비전과 영혼 구원의 열정과 하나님을 사랑하심과 지향점과 사역 등이 사도들에게 녹아 들어간 것이다.

이를 통해 필자는 목사로서 가장 부족한 점이 무엇인지 보게 되었다. 강단에서의 모습이 거의 전부인 상태로는 진정한 양육이나 마음 전달이 어렵다고 느꼈다. 그렇다면 어떻게 해야 성도들과 친밀해지고 신뢰하고 같은 마음을 품으면서 함께할 수 있을까? 상당 기간 고뇌하다가 '어떻게든 성도들과 함께하는 시간을 많이 가져야겠구나' 하는 결론에 이르렀다.

그러고는 실천에 들어갔는데 구체적인 내용은 이렇다.

첫째, 사택을 개방하였다. 누구나 언제든지 사택을 방문하여 담임목사를 편하게 만날 수 있게 하였다. 물론 '개방합니다' 하고 광고한다고 사람들이 바로 몰려오는 것은 아니지만 진정성을 가지고 오는 사람들을 따뜻하게 대하고, 선물 가져오지 못하게 하고, 가르치려 하기보다 들어주면 점점 달라지면서 오게 되어 있다.

둘째, 주 1회 또는 2회씩 주로 목요일이나 금요일 저녁에 성도들과 사택에서 함께 식사하고 대화한다. 자치 기관별,

나이별, 제자훈련 기수별, 직분별, 취미반별, 새가족 수료자 등 다양한 그룹별로 성도들을 초청하여 담임목사가 김치찌개를 끓여서 함께 식사도 하고, 식후에 보이차를 우려 마시면서 두세 시간 대화한다.

셋째, 사택에서는 최대한 성도들이 말을 많이 하도록 분위기를 조성하고 담임목사는 듣고 격려하는 역할을 한다.

넷째, 이렇게 대화를 하다가 분위기가 무르익으면 성도들이 목사에게 질문을 하게 된다. 이 정도면 성공하는 단계이다. 이때에 목사는 진지하고 진솔하게 질문에 답하고, 이해되었는지 확인하며 부족하면 다시 질문하게 한다.

다섯째, 이런 일들이 일회성이 아니라 지속되면서 대화는 더 진지해지고, 목사와 성도들은 점점 더 가까워진다. 동지적 관계를 넘어 주 안에서의 형제자매 관계가 형성된다.

여섯째, 이런 과정이 반복되면서 자연스럽게 목사의 마음, 신앙, 비전, 사랑, 열정이 성도들에게 전달되고 이해된다. 진정한 동역자가 되는 것이다.

일곱째, 이 과정이 단기간에 이루어지지는 않지만, 여기까지만 되어도 목회는 성공이라고 필자는 믿는다.

여덟째, 필자는 이것이 예수님께서 사도들과의 관계를 통하여 우리에게 보여 주시고 가르쳐 주신 최고의 양육이요, 훈련 과정이라고 굳게 믿고 있다.

아홉째, 사족을 붙인다면 너무 많은 목사들이 예수님의 이런 목회 방법보다 다른 방법을 선호하는 것으로 보인다. 자기 교인들보다 목사들이나 다른 사람들과의 만남, 교회 밖의 회의나 만남이 훨씬 더 많고, 교인이 아닌 유력한 사람들과의 식사나 모임이 더 많다면 진정한 의미의 목회가 가능할까 싶은 안타까운 생각을 지울 수 없다.

열째, 진정한 제자훈련이자 최고의 평신도 사역자 훈련은 바로 목사와 성도간의 신뢰가 이루어지게 하는 훈련이다.

이야기 ⑤
매주 발행하는
48쪽짜리 주보

완도성광교회의 주보는 평신도 사역만큼이나 유명하다.
CTS, 극동방송을 비롯하여 수많은 매체가 이 주보를 소개하고
극찬하였다. 주보를 보는 분들이 몇 번씩 놀라는데 먼저는 분량에
놀란다. 48쪽이기 때문이다.

"아니, 무슨 주보가 48쪽이나?"

"아니, 이게 매주 나온다고요?"

다음으로는 평신도들이 이 48쪽짜리 주보를 만든다는 데에
놀란다.

"예? 이걸 교인들이 만든다고요?"

주보, 주보 하는데 너무 많은 교인들이 주보라는 단어를 잘
이해하지 못한다. 심지어는 배울 만큼 배운 목사들도 그렇다.
결혼식장에 가서 순서지 한 장 달라는 말을 "결혼식 주보 한 장
달라"고 말하는 사람들도 많이 있다.

주보는 주간신문이라는 말이지 않은가? 우리 주보는
'완도성광교회가 일주일에 한 번씩 발행하는 신문'이라는 말이다.
그런데 이 쉬운 걸 오해하는 이들이 너무 많아서 우리 주보
표지에는 아예 이렇게 인쇄했다. '주보(週報).'

이러면 더 쉽겠다. 일보(日報), 주보(週報), 월보(月報),

연보(年報). 그래서 완도성광교회는 1982년 개척 당시부터 주보가 주간신문의 성격을 갖도록 신경을 썼다. 그리고 성도들이 일주일 동안 이 주보만으로도 신앙생활을 할 수 있도록 기본적이고 필수적인 것은 넉넉하게 하자는 편집 원칙을 세웠다.

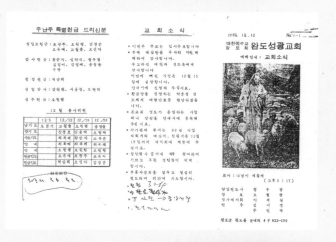

(위) 교회 초창기 한 장으로 된 3단 주보
(아래) 현재의 주보. 교역자 중심이 아닌 평신도 중심으로
제작되며, 총 48쪽의 각 지면을 담당하는 성도들이 있다.
그리고 매주 이 한 권이면 신앙과 지역사회, 생활에 필요한
정보를 다 얻을 수 있도록 구성되어 있다.

이 원칙 아래 ① 신앙시 감상 ② 담임목사 신앙 칼럼
③ 쉬운 기독교회사 ④ 우리 고장 바로 알기 ⑤ 우리 지역의 뉴스
⑥ 지구촌 미전도종족 소개 ⑦ 선교지에서 온 편지(선교사 소식)
⑧ 우리 교회가 파송·지원하는 선교사·선교기관·단체·교회 명단
⑨ 인간관계 훈련 ⑩ 쉬운 한국 교회사 ⑪ 신앙 상담 ⑫ 신앙 상식
⑬ 생활의 지혜 ⑭ 행복한 가정 세미나 ⑮ 평신도 칼럼 ⑯ 기독교
유머 ⑰ 가족과 함께 푸는 성경 퀴즈 ⑱ 신앙도서 소개 ⑲ 새가족
소개와 전도 현황 ⑳ 은혜의 찬양 ㉑ 구역활동 도움 자료
㉒ 구역예배 공과 ㉓ 중보기도 제목 ㉔ 주간 가정예배 ㉕ 교회학교
활동 소개 ㉖ 각종 예배 순서와 교회 비전 소개 등으로 구성하기로
하였다.

그리고 주보편집위원회를 구성하되 위의 내용을 맡아 작성할
성도들을 모집하였다. 자기가 잘할 수 있는 것을 한 명이 한 쪽만
만들면 되어서 어렵지 않게 쪽별 담당자를 구성할 수 있었다.

쪽별 담당 편집위원들은 각자 맡은 부분만 작성하여 매주
목요일마다 주보 편집위원장에게 이메일로 보내고, 위원장은 해당
페이지에 올려서 완성되면 인쇄위원장에게 메일로 넘긴다(우리
교회는 1995년부터 인쇄시설을 마련하고 웬만한 인쇄물은 교회에서 자체
인쇄를 하고 있다).

인쇄가 완료되면 토요일 낮 2시 경에 제책위원들이 모여
주보를 책으로 만든다. 제책기를 구입하면 일손을 덜 수도 있는데
우리 교회는 일부러 구하지 않는다. 왜냐하면 제책위원들이 모여
서로 교제하며 사역하는 일이 매우 유익하기 때문이다.

책으로 만들어진 48쪽짜리 주보는 토요일 오후에 지역에도

배부된다. 버스 터미널과 부두 터미널, 병원 대기실, 관공서 민원인
대기실, 기타 사람들이 많이 모이는 곳 등에 놓고 누구나 읽고
가져갈 수 있게 한다. 이 주보는 전도용으로도 사용하기에 완도
지역에서는 모르는 사람이 없을 만큼 많이 알려져 있다.

주보에 관한 일화도 많이 생겼는데 몇 가지 소개하고자
한다. 위에서 제책기가 있어도 구하지 않는다고 했는데 이런 일이
있었기 때문이다. 우리 교회는 '모든 세례교인의 사역자화'를
목표로 하고 있는데 등록한 지 얼마 안 된 새신자들도 가능하면
평신도 사역에 참여시키고 있다. 물론 믿음이나 신앙생활의 연조가
꽤 있어야만 감당할 사역도 많지만, 믿음과는 상관없이 할 수 있는
사역도 많다.

교회에 등록한 지 3개월밖에 안 되는 남자 성도가 친구들이
모인 자리에서 주보를 보이며 자랑스럽게 "야! 너희들 이거 나
없으면 안 돼! 알아?" 하니까 친구들이 어이없어 하면서 "야 웃기지
마! 네가 뭔데?" 이러니까
"어허! 내가 이걸
만든다고!" 이랬다는
것이다.

나중에 자세히 알고
보니 주보제책위원장이
그 성도에게 토요일마다
교회에 나와서 주보를
함께 만들자고 했다.
그러자 깜짝 놀라면서

토요일에 모여 주보 제책을 하는
윤성수 안수집사의 모습이다.

"아니 나는 교회에 나온 지가 이제 석달밖에 안 되었는데 내가 뭘 할 줄 알겠어요? 나 못합니다!" 하니까 위원장이 "아니 이건 손만 있으면 됩니다! 일단 나와 보세요!" 하여 주보 제책에 참여하게 되었다. 위원장 말대로 주보를 책으로 만드는 일은 신앙경력과 큰 믿음을 필요로 하는 일이 아니어서 참여하게 된 것이다.

그런데 그 성도는 이걸 자랑스럽게 생각하여 친구들에게 큰 소리를 쳤던 것이다. 이 이야기를 전해 준 집사님과 함께 얼마나 웃었는지 모른다. 이것이 평신도 사역이다. 믿음에 따라서, 연조에 따라서 누구나 참여하면서 자연스럽게 교회 구성원이 되고 자부심을 가지게 된다. 그러면서 신앙생활을 배우고 교회 정착이 빨라지는 것이다. 필자도 나중에 들은 이야기지만 주보제책위원회 안에서 자기들끼리 재미있는 이름을 붙였는데 스테이플러로 누르는 사람을 '찍새', 스테이플러 작업이 끝난 주보를 접는 사람을 '접새', 주보와 헌금 봉투장에 꽂아 놓는 사람을 '꽂새'라고 한다고 해서 또 웃었다.

주보를 우편으로 발송해 달라는 분들이 많아서 몇 년 응하다 보니까 계속 하다가는 속된 말로 배보다 배꼽이 더 커지는 현상이 생길 것 같아 지금은 응하지 않고 있다. 48쪽짜리 주보는 우리 교회의 상징처럼 되었고, 많은 유익도 있었다. 필자는 이 주보를

제책한 주보를 성도들이 가져갈 수 있도록 꽂이함에 정리하는 구정모 장로의 모습이다.

아주 자랑스럽게 생각하는데 두꺼워서가 아니라 평신도들이 만들기 때문이다. 우리는 48쪽이 아니라 100쪽짜리 주보라도 필요만 있으면 언제든지 만들 수 있다. 몇 쪽으로 만들든지 한 사람이 한 쪽만 만들면 되는데 그걸 못하겠는가?

6 사역 안 하려면 다른 교회로 옮겨라!

완도성광교회의 목표 중 하나는 '전 세례교인의 사역자화'이다. 건전하고 정상적인 목사라면 사역자(헌신된 그리스도인)의 비율에 대해 많이도 고민했을 것이다. 우리 교회의 사역자 비율은 몇 퍼센트인가? 전국에 목사 세미나를 인도하러 다니면서 질문해 보면 자신 있게 대답하는 목사가 거의 없었다. 세례교인 대비 10퍼센트가 넘는다는 교회는 극히 드물었다. 이 지점이 목회자의 고민인 것이다. 당연히 필자도 지난 날 이 부분에서 많은 아픔이 있었다.

그래서 부단히 애를 써 봤다. "예배만 드리고 복 받는 것만 관심 있고, 아무 사역도 안 하려면 몸만 나와 줘도 고맙게 여기는 다른 교회로 옮기라"고 강단에서 많이도 외쳤다. 얼마나 자주 말했던지 필자보다 연세가 많은 장로님이 당회 때에 "옛말에 아무리 좋은 말도 세 번이라 했는데 교인들에게 다른 교회로 가라는 말씀을 계속하시면 되겠습니까? 이제 그만 하시지요"라고 하셨다. 그래도 필자는 계속 반복하여 강조하였다.

한번은 수요예배 광고 시간에 또 이 말을 좀 세게 강조했는데 예배를 마치고 사택에 들어가서 핸드폰을 보니 구정모 안수집사(현재 장로)에게서 문자가 들어와 있었다.

목사님 일주일 기도해 보고 어느 교회로 갈지 결정하겠습니다.

이와 비슷한 해프닝이 몇 번 있긴 했지만 가라고 해서 다른 교회로 간 적은 한 번도 없다. 가라고 하면 오히려 더 안 간다. 우리 교회는 1982년 **창립 이래로 완도읍에 소재한 교회의 교인은 아예 등록 자체를 받지 않는다.** 이것은 41년간 지켜온 원칙이다. 우리 교회에 수평 이동은 없다.

사실 이단만 아니라면 다른 교회나 우리 교회나 차이가 얼마나 나겠는가? 그러나 다른 교인은 등록을 아예 안 받고, 아무 일도 안 하고 예배만 드려서 영적인 배불뚝이가 된 사람은 다른 교회로 가라고 하니 우리 교회가 대단한 교회인 줄로 알고 오고 싶어 하며, 안 나가려고 하는 것이다.

한 생명을 천하보다 귀하게 여기고, 사랑하고 양육하고 품어야 하지만 때에 따라 이렇게 강한 가르침도 필요하다고 여긴다. 그래서 **어떻게 해서든지 교회 안의 실업자를 줄여야 한다.** 아무 일도 하지 않고 말만 하는 교회 안의 실업자들을 사역에 투입하고 일꾼이 되게 해야 한다.

완도성광교회에서는 "뭘 하든 한 가지는 해야 살아남는다!", "목사보다 잘하는 일이 한 가지는 있어야 살아남는다!" 이런 말을 많이 한다. "아무것도 하는 일이 없으면 쫓겨난다!" 이런 말을 웃으면서 스스럼없이 한다. 이렇게 해서 세례교인의 60퍼센트 정도는 어떤 일을 하든 사역에 투입되어 있다. 평신도사역위원회를 600~800여 개를 운영하는 이유도 성도들이 빠짐없이 사역에 참여하도록 유도하는 방법 중 하나일 뿐 위원회 수가 많은 것 자체가 자랑일 수는 없다.

이야기 ⑥
공원에 설치한 성탄트리

1993년 11월 초에 성탄트리위원회로부터 보고서가 올라왔다.
금년에는 성탄트리 장식을 예배당 종탑과 외벽에 설치하지 않고
완도 쌈지공원에 한다는 내용이었다. 쌈지공원은 완도읍에 오면
누구나 통과할 수밖에 없는 완도의 중심도로 옆에 아기자기하게
조성된 소규모 공원이다. 인공폭포가 있어 여름에는 시원한 물줄기
7개가 쏟아지는 주민들의 쉼터이기도 하다.

그동안은 우리 교회도 전통 방식을 따라 예배당 첨탑으로부터
깜빡이등을 수천 개 연결하여 밝혀 왔던 터라 뜻밖이었다.
지금이야 신기할 게 없지만 벌써 지금으로부터 30년 전
이야기이니까 당시에는 획기적인 제안이었다. 위원회에 허락하는
결재를 해주었다.

그리고 12월 4일 오후 점등식을 보기 위해 도착해 보니
장관이었다. 아주 아름답게 설치가 잘되어 있었는데 맨 위에는
'축 성탄'과 함께 '하나님은 완도를 사랑하십니다!'라는 네온 글도
있었다. 그런데 목사인 내가 보기에 조금 허전한 것이 있었다.
꽤 많은 예산을 들여 이렇게 멋지게 만들었으면 맨 아래에
'완도성광교회' 이런 게 있었으면 하는 생각이 있었는데 차마 그
말은 할 수가 없어서 지나갔다.

그런데 그 뒤로 며칠 동안 주민들 사이에서 "군에서 해놨나

봐!" 이런 말들을 하다가, 일주일 정도 지나자 하나같이 "성광교회 아니면 어디서 했겠냐?"로 바뀐 것이다. 그때 내 머리에 떠오르는 생각이 '목사보다 평신도들의 생각이 앞서고 진취적이고 주민들의 마음을 잘 읽는구나!' 였다. 그리고 우리 성도들이 더 사랑스럽고 자랑스러웠다.

쌈지공원에 설치한 성탄트리는 대성공이었다! 지역신문들이 사진과 기사를 실었고, 저녁이면 주민들이 나와서 배경으로 사진을 찍는 등 한때 지역 명소가 되었다. 지금 생각해도 쌈지공원에 설치한 당시의 성탄트리는 아주 잘한 일이었다. 믿어 주고 맡겨 주면 평신도들의 지혜와 사역은 무궁무진함을 다시 한번 경험한 사역이었다.

7   한국 교회의 대안, 평신도 사역

하고 싶지는 않지만 아주 심각한 이야기 하나 해보자. 대부분의 사람들이 기억할 것이다. 각종 기독 언론들에서 한국 기독교인의 숫자를 1,400만 명이라고 한 것을! 이건 그렇게 오래된 이야기도 아니다. 그런데 지금은 어떤가? 1,000만 명 넘는다고 하는 언론이 없다! 대개가 800만 명 내외라고 한다. 물론 이 숫자조차도 정확하지는 않다. 교회 컴퓨터에 이름만 기록되었을 뿐 출석하지 않은 교인을 제외하면 실제 수는 얼마나 될까?

2023학년도에 신입생 정원을 채운 신학대학교는 전국에 단 한 곳이었고, 그 외는 모두 미달이었다는 보도를 봐도 현재의 위기는 심각 그 이상의 단계가 맞다. 또한 크리스천 대학생 비율이 2퍼센트라는 충격적인 보도도 있었다. 계속 교회를 떠나는 층은 바로 젊은 층이다. 원인을 정확히 파악해야 한다. 병을 치료하려면 진단이 정확해야 처방도 정확하지 않겠는가? 그러나 여기서 일부 대형 교회의 세습을 비롯한 여러 문제를 논하는 것은 너무 많고 길고 논쟁적이어서 생략하고자 한다.

그러면 이제 어떻게 해야 할까? 평신도들이 교회의 중심에 서게 해야 한다. **기독교 2천 년 역사는 사제 중심, 목사 중심이었다.** 이 체제로는 한계가 명확하다. 이 체제에서는 더 이상 나올 게 거의 없다. 그동안은 가능했으나 이제는 아니다. 가끔 새로운 것이 하나씩 나오기는 하겠지만 가끔씩일 뿐이다. 이에 비해 평신도들의 잠재력은 무한하다. 현실 세상에서 살고 있는 그 감각과, 날마다 만나고 부딪치면서 사는 세상 속 사람들의 입장을 이해하면서, 그들의 시각으로 다가갈 방법은 얼마든지 있다.

필자는 평신도들에게 거의 모든 것을 맡기는 목회를 40년을 하면서 날마다 이것을 실감하며 살고 있다. 평신도들에게는 목사의 입장과 시각으로는 도무지 나올 수 없는 아이디어, 사역, 세상 속으로 파고 들어가는 방법들이 문자 그대로 무궁무진하다. 그래서 늘 감탄하면서 하나님께와 평신도 사역자들에게 감사하며 목회하고 있다. 그래서 '이런 좋은 대안이 있는데! 세상 속으로 들어가서 주민들을 가까이하고, 그들의 마음을 얻는 좋은 방법들이 있는데! 이걸 어떻게 다른 목회자들에게 전할 수 있을까?' 이 생각을 끊을 수가 없다.

필자는 단언한다. 20년 전에 비해 거의 반 토막 난 한국 교회를 살릴 최고의 대안 중 하나가 바로 '평신도 사역'이라고!

이야기 ⑦

평신도가 주관하는
특별새벽기도회

많은 교회들이 횟수와 방법은 달라도 대개 '특별새벽기도회'를 열고 있다. 완도성광교회도 창립 이듬해인 1983년부터 '100일 특별기도회' 2회를 시작으로 '40일 기도회' 5회 등을 실시하다가 1990년부터 기간을 줄여 연 2회로 진행하였고, 2000년부터는 3회로 늘려 현재에 이르렀다.

'기도해야 한다! 기도하게 하자!'는 것이야 그리스도인이면 같겠지만 우리 교회의 특별새벽기도회는 다른 교회들과 다른 부분이 있어 소개한다.

첫째, 완도성광교회의 전체 교인들이 참여하는 특별새벽기도회(이하 특새)가 매년 3차례 열리는데 1월 첫 월요일부터 열리는 신년 특새와 고난주간에 열리는 특새와 9월에 열리는 성경통독 특새이다.

둘째, 신년 특새와 고난주간 특새는 100퍼센트 평신도들이 주관한다.

셋째, 특새준비위원회는 3~4개월 전부터 교인들을 대상으로 조사를 실시한다. 조사 내용은 '이번 특새의 주제는 무엇으로 하면 좋겠는가? 이번 특새에서는 어떤 주제의 말씀을 듣고 싶은가? 이번 특새에는 어떤 특별 순서가 들어갔으면 좋겠는가?' 등이다.

넷째, 준비위원회는 특새를 잘하는 다른 교회들은 어떻게 하는지 탐방하여 필요한 사항은 벤치마킹도 한다. 특새에 관한 도서도 빠짐없이 구하여 읽고 토론한다.

다섯째, 이런 과정을 거쳐 최종 사역계획 보고서를 작성하는데 이때 주제를 두세 개로 압축하여 올린다. 여기에는 왜 이런 주제를 추천하는지, 이 주제의 배경이 되는 성도들의 바람과 시대적인 상황이 무엇인지 등을 간략하게 설명한다.

여섯째, 담임목사는 이 보고서를 확인하고 추천된 주제 중에서 하나를 선택하여 주제에 맞는 성경 본문을 확정하여 통보한다.

일곱째, 특새 시작 4주 전부터 위원회가 광고를 시작하여 성도들의 관심과 참여를 유도한다.

여덟째, 담임목사는 주제를 결정한 때부터 기도하며 말씀을 준비한다.

아홉째, 준비위원회는 기도, 찬양, 간증 등 예배 순서를 비롯해 참여 독려 방법, 안내, 차량, 섭외 등 모든 것을 준비한다.

열째, 이렇게 열리는 특새의 장점은 다음과 같다. 하나, 성도들이 원하는 말씀을 준비하여 전하고 들을 수 있다. 둘, 시대 상황이나 시대정신에 대하여 설교할 수 있다. 셋, 성도들의 관심과 참여도가 높다. 넷, 평신도들이 평소에 무엇을 원하는지에 대해 목사가 정확히 파악하고 적절히 대응할 수 있다. 다섯, 설교의 폭이 넓어지고 다양한 주제를 다룰 수 있다. 여섯, 결국 목사와 성도들의 공감대가 더 깊게 형성되고 일체감을 이룰 수 있다. 일곱, 목사도 성도도 더 깊은 기도에 들어갈 수 있다.

8 가장 확실한 교회 갱신·개혁 방법

목사는 전문가이다. 교회, 목회, 성경, 설교 등 나름대로 전문성을 가진 사역자이고 그 전문성은 인정받고 존중받아 마땅하다. 그러나 한계가 있고, 은사에 따라 편차가 심한 전문가이다. 그래서 교회 안의 성숙한 성도들 중 전문성을 가진 성도들을 활용하여 그들에게 사역도 맡기고, 권한도 주어야 한다.

이미 실시하고 있는 교회들도 있지만 아직도 많은 교회에서는 목사에게 너무 많은 권한과 책임이 지워져 있다. 이 경우 목사가 100퍼센트 정직하고 사심이 없고 공정하고 정의로우며, 물질에 유혹이 없으면 큰 문제가 없을 것이다. 그러나 이 글을 쓰는 필자를 포함해 그런 목사가 얼마나 되겠는가?

목사도 사람이어서 주님을 위해 결혼을 포기하여 가족이 없었던 바울 사도처럼 정말 사심이 없이 살기는 매우 어려운 일이다. 그래서 목사 한 사람이 잘못되면 교회 전체가 흔들리고 언론에 보도되어 세상이 비난하고, 그러면 또 전국적으로 교회를 떠나는 사람들도 그만큼 늘어나는 악순환이 계속된다. 그래서 "지금의 한국 교회는 중세시대 교회보다 더 타락했다. 한국 교회는 자정능력을 상실했다. 루터시대의 개혁보다 더 강력한 개혁이 없으면 더 빨리, 더 크게 망한다" 등의 소리가 나오고 있다.

필자는 이에 대해 최선의 교회 개혁, 갱신 방법 중의 하나가 바로 평신도 사역이라고 주장하는 것이다. 대부분의 교회에서 목사는 거의 절대권력자이다. 모든 권력은 가질수록 더 가지고 싶고 더 높아지려고 하며, 놓거나 잃지 않으려는 속성이 있다. 그 자리에 오래 있으면 정말 자기가 대단하거나 잘하는 줄로 착각한다. 또한 누구 말을 잘 안 듣는다. 그럴수록 직언하는 사람들은 줄어들고 떠나가며, 아쉬운 사람, 어쩔 수 없는 사람, 아첨하는 사람들만 남는다.

목사라고 이런 유혹에서 완전히 자유로울 수 있겠는가? 그러므로 성도들을 예수님의 좋은 제자로 잘 양육하여 성숙한 그리스도인이 되게 하고, 그들에게 목사가 아니면 할 수 없는 일들을 제외하고는 모두 맡겨서 회의체로 운영하게 하는 것이 좋다. 목사는 이에 대해 보고받고 결재하고, 교회 전체를 보면서 조정하고 중심을 잡아 주는 역할을 한다. 그러면 자연스럽게 교회는 사고 날 확률이 줄어들고, 목사는 본질 사역에 더욱 충실할 수가 있다.

이렇게 하면 언론에 보도되는 교회들의 많은 문제들이 사전에 예방되고 자연스럽게 그 자체로 이미 개혁되고 갱신되어 있지 않겠는가? 그런 의미에서 평신도 사역은 충격을 최소화하면서, 자연스럽게 교회 개혁과 갱신을 이룰 수 있는 방법이 되는 것이다.

이야기 ⑧

평신도들이 만드는
교회 캘린더

지금은 많은 교회들이 교회 캘린더를 자체 편집해 독판으로
인쇄하여 성도들에게 배부하고, 이웃들에게도 배부한다.
완도성광교회는 시골에 있지만 25년 전인 1998년부터 평신도들이
독판 캘린더를 제작하여 사용하고 있는데 그 이야기를 소개한다.

교회 창립 후 1983년부터 별 생각 없이 기독교 서점에 맡겨서
캘린더 하단에 교회 이름과 표어만 인쇄해서 사용해 왔는데
1996년부터 성도들이 우리가 만들면 안 되냐고 물어 왔다. 이
이야기를 듣는 순간 머리를 맞은 것 같은 느낌이 들었다. '그래,
나는 왜 이 생각을 못했지? 그거 좋은 생각이다!' 하면서 성도들이
스스로 만들 수 있도록 캘린더제작위원회를 조직하여 임명하였다.

위원회에서는 많은 기도와 논의를 거쳐 1998년 캘린더부터
자체 제작하기로 결정하고 준비에 들어갔다. 캘린더를 제작하려면
무엇을 어떻게 해야 하는지부터 공부를 시작하여, 인쇄소로부터
견적을 받는 일까지 착착 진행하여 드디어 1997년 5월에는 열세
장으로 구성된 1998년 캘린더 시안이 나올 수 있었다.

해마다 캘린더의 주제를 선정하는 게 핵심인데 전적으로
위원회에서 조사와 회의를 진행하고, 담임목사의 확인을 거쳐
결정한다. 젊은이들의 요청을 받아들여 2011년부터는 벽걸이용과

탁상용 두 가지로 제작하여 사용하고 있다. 해마다 다른 컨셉의 캘린더가 제작되기 때문에 기다리고 기대하는 사람들이 많이 생겼다. 특히 2014년 제작한 캘린더는 아주 많은 곳에서 칭찬을 받고, 신학교에서도 선교적 교회론의 한 예로 사용되기도 하였다.

2014년 캘린더의 주제는 '완도군의 교회들'이었다. 완도군은 265개의 섬이 12개 읍면에 속해 있다. 완도성광교회가 창립된 1982년 말 완도군 공식 인구는 11만 7천 명이었고, 2023년 현재는 약 5만 명이다. 현재 완도군의 교회 수는 130개 처이며, 성도 수는 약 8천 명으로 복음화율은 16퍼센트 정도이다.

2014년 제작한 '완도군의 교회들'은 바로 이 130개 처 교회들을 전수 조사하여 예배당 건물을 촬영하고, 이 사진을 12개 읍면별로 배치하여 완성한 캘린더이다. 준비도 많이 하였고 수고도 많이 하였다. 그만큼 보람도 컸다. 성도들이 이 캘린더를 보면서 지역 교회들을 위하여 기도하고, 복음화에 대한 열정도 키울 수 있었다. 가히 캘린더의 명작이라 할 만했다. 이 자리를 빌려 수고한 평신도 사역자들에게 다시 고마운 마음을 전한다.

이 외에도 캘린더에 관한 많은 사역 이야기가 있지만 지면을 줄이기 위하여 해마다 제작했었던 캘린더의 주제들만 소개해 본다.

- 완도의 목회자들 : 130개 처 교회의 담임목회자 사진을 넣어 제작
- 완도의 행정구역 : 12개 읍면을 한 달에 1개씩 소개
- 완도의 명소들 : 찾아가 볼 만한 완도의 명소들 소개

· 기후 위기와 환경 보호 : 완도의 오염된 곳과 순수한 곳 소개
· 북한의 이모저모 : 통일을 위한 기도 제목을 위해 담임목사가
  북한을 일주일간 방문하면서 찍어 온 봉수교회를 비롯한 북한
  사진으로 제작
· 우리 교회의 선교지 : 우리 교회가 파송, 후원하는 선교지 소개
· 언론이 본 우리 교회 : 그동안 100여 회 소개된 TV, 신문,
  라디오, 잡지 등의 기사를 소개
· 우리가 다녀온 성지 : 성도들이 성지순례하며 찍어 온
  사진으로 제작
· 우리 교회의 복지기관 : 우리 교회가 운영 중인 10여 곳의
  복지기관 소개
· 지역을 섬기는 우리 교회 : 각종 지역봉사 사역과 사진 소개
· 우리 교회의 역사 : 간략한 교회사적으로 중요한 사진들을
  편집하여 제작
· 우리 교회의 행사들 : 교회의 중요한 각종 행사 사진 편집

캘린더제작위원회에서는 완도군 내에서 교인 수가 적고,
예산이 안 되어 캘린더 없이 지내는 교회들을 조사하여 매년 열
교회에 캘린더를 보내는 사역도 진행하고 있다.

2014년도 완도 관내 교회 연합을 목적으로
완도군기독교연합회에 소속된 129개 교회의
담임목회자 및 교회당 사진을 내용으로 독판 달력을
인쇄하여 각 교회에 배부하였다.

9 권력지향적 본성을 선하게 활용하라!

사회학에서는 모든 사람의 98퍼센트는 권력지향적 본성을 지니고 있다고 한다. 이것은 사람의 본성이다. 그래서 교회 안에서도 상당히 많은 문제가 이 본성에서 시작된다. 시끄럽고 평안하지 못한 교회들을 깊이 살펴보면 공동의회에서 장로와 권사가 못 되어서, 이런저런 일들이 원하는 대로 안 되어서, 건축위원장이 못 되어서, 자기 의견이 안 받아들여져서 문제를 일으킨다.

사실대로 말은 못하고, 명분은 그럴싸하게 만들어서 시끄럽게 하지만 속을 깊이 들여다보면 결국은 자기 하고 싶은 대로 안 되어서 다른 문제를 가지고 시비를 걸고, 정의가 어떻고, 공의가 어떻고 하는 경우가 대부분이다. 겉으로는 점잖은 척하지만 실은 자기가 회장 하고 싶고, 마이크 잡고 싶고, 끌고 가고 싶고, 대장 노릇 하고 싶은 것이다. **이게 바로 권력지향적 본성**이다.

"당신이 회장 하라"고 할 때 "아닙니다! 나는 못합니다!" 하고 강하게 부정하면 정말 안 하겠다는 말이 결코 아니다. 학교에서 배웠지 않은가? '강력한 부정은 강력한 긍정'이라고!

목사를 예로 들어 보자. 설교할 때에는 "이 땅에서 상 받으면 하늘나라에서 받을 상이 없습니다! 세상의 명예나 감투는 아무것도 아닙니다. 하늘나라 상급이! 하나님께서 알아주시는 것이 진짜입니다!" 이러면서도 자기는 총회장, 감독회장, 한기총 회장, 노회장, 감독 등을 하려고 수억 원에서 수십억 원을 쓰는 것은 알려진 비밀 아닌가?

이런 사람들이 콩으로 메주를 쑨다고 해도 기자들은 믿지 않는다. 왜? 가까이에서 모두 보아 실상을 잘 알고 있으니까! 왜 그럴까? 모두 권력지향적 본성을 이기지 못해서이다. 아주 유명하고 큰 교회 목사들이 이럴진대 교인들이 권력지향적 본성 때문에 교회 안에서 문제를 일으키는 것이 아쉽기는 하지만 어찌 보면 충분히 있을 법한 일이기도 하다.

그래서 필자는 이 문제를 이렇게 풀어 보았다. 무조건 나쁘다, 하지 말라 훈계하기보다는 그 본성을 좋은 쪽으로 활용해 보자! 우리 교회에서는 장로가 되면 의무적으로 두 가지 중책을 맡는다.

1) 첫 번째는 교구장이다.

첫째, 한 개 교구에는 6~10개씩 구역이 편성되어 있는데 장로가 되면 11개 교구 중 하나의 교구장이 된다.

둘째, 교구장의 임무는 자기 교구에 속한 구역장과 권찰 약 16명에게 일주일에 한두 번씩 전화해서 구역예배를 잘 드리는지, 힘들거나 도움이 필요한 사항은 없는지 등을 확인하고 격려하는 일이다.

셋째, 교구장은 자기 교구에 속한 구역장과 권찰들을 3개월에 한 번씩 모아서 식사를 대접하며 격려하고, 애로사항을 청취하고 축복해 준다.

넷째, 교구장은 필요하면 언제든지 담임목사나 교구 목사에게 보고하고 지원을 요청할 수 있다.

2) 두 번째로, 장로가 되면 의무적으로 맡아야 할 중책은 총괄위원장이다.

첫째, 우리 교회 800여 위원회는 47개 분야로 나뉘어 있으며, 한 분야는 약 20개 내외의 위원회로 구성되어 있는데, 47개 분야의 각 책임자를 총괄위원장이라 하고, 장로가 되면 이 중 하나의 총괄위원장으로 임명받는다(자기 은사에 맞는 분야).

둘째, 총괄위원장은 주 1~2회 의무적으로 위원장과 총무에게 전화하여 회의로 잘 모이는지, 사역계획 수립은 매뉴얼대로 잘하고 있는지, 교회가 더 지원해 주어야 할 것은 없는지, 문제는 없는지 등을 묻고 격려해야 한다.

셋째, 총괄위원장은 분기별로 1회씩 위원장과 총무들을 모아서(40명 내외) 식사를 대접하면서 애로사항을 청취하고, 격려하며 축복한다.

넷째, 수집한 애로사항과 요청사항은 담임목사나 총괄위원회 지도교역자에게 전달하여 실질적 도움을 준다.

우리 교회 장로들은 성도들에게 존중을 받고 권위도 있다. 적어도 50명 이상과 매주 한두 번 통화하면서 격려하고 지원하고, 식사 대접하면서 도와주는데 어떤 교인이 싫어하겠는가?

목에 힘주고 지시하며 군림하는 장로는 적어도 우리 교회에서는 설 땅이 없다. 장로들은 밖에 나가서 교회와 목사 자랑하고, 교인들은 장로를 존중하고 잘 따르니 교회가 평안하고 잘될 수밖에 없지 않은가?

3) 권사와 안수집사도 총괄위원장에 임명하여 사역하게 한다.

첫째, 총괄위원장 자리는 47개뿐이니, 장로가 맡는 11개를 뺀 36개 총괄위원장을 권사와 안수집사에게 맡긴다. 권사와 안수집사 수가 100명이 넘으니 여러 가지 상황을 고려하여 돌려가며 임명한다.

둘째, 권사와 안수집사도 총괄위원장이 되면 장로 총괄위원장과 같은 방법으로 전화하고 만나고 식사를 대접하면서 사역한다.

셋째, 권사와 안수집사는 여기서 리더십 훈련을 받는 것이며 나중에 성도들에게 판단을 받는다.

교구장 장로나 총괄위원장들이 교구와 총괄위원회에서 식사를 대접할 때에는 부담이 가지 않도록 1인당 식사비가 1만 원이 넘지 않는 메뉴로 하도록 권하고 있다.

이런 식으로 목사가 하던 일들을 최대한 평신도 사역자들에게 넘기고, 그들에게도 권한을 주어서 권력지향적 본성을 긍정적으로 발산시키고 활용할 수 있도록 유도한다. 이게 적중하여 크고 작은 분란 없이, 지극히 평화롭고 아름다운 분위기로 교회가 운영되고 있다.

총괄위원장과 총무가 47명씩에, 위원장이 800여 명인 이유가 명백하지 않은가? 그래서 우리 교회는 전 세례교인이 사역자요, 주연이요, 중심에 있으며, 주인인 듯 종인 듯 머슴의 역할을 감당하고 있다.

평신도들이 하는 심방

완도성광교회는 1982년에 시작되었는데 초기 10년은 매우 힘든 시기였다. 그리고 조금씩 성장하다가 전도에 눈을 뜨기 시작하고 가속도가 붙은 1997년부터 급속도로 성장하게 되었다. 15년 동안 100명 내외 출석을 유지하던 장년부가 해마다 50명 정도씩 불어나서 2008년에는 장년 출석 550명, 교회학교 출석 500명을 돌파하게 되었다. 이 시기에 13년 연속 매년 50명 이상의 성도들에게 세례를 베푸는 기적도 이루어졌는데 문제는 이 많은 새 성도들을 어떻게 관리하고 양육하느냐였다.

내부적으로 교역자회, 당회를 비롯하여 많은 토론과 회의를 이어 가게 되었는데 이런 의견들도 나왔다. 교역자들의 역할도 중요하지만 **평신도들이 자신들의 경험을 들려주면서 "나도 그런 경험이 있다. 이 고비를 잘 넘겨야 한다. 하나님은 살아 계신다!" 이런 식으로 새가족들을 도우면 더 효과적이지 않겠느냐는 의견이었다.**

목사로서 고민이 되는 지점이었다. 신학적 훈련이 없고, 영적 돌봄을 정식으로 배운 일이 없는데 이게 가능할까? 이런 생각이 들어서 많이 고민하고 기도한 끝에 결론을 내렸다. 그리고 장년 관리를 투 트랙으로 하자고 제안했다. 기존에 부목사들이 하는 교구관리와 심방은 그대로 유지하고, 새가족을 중심으로 한 성도들은 역량 있는 평신도들에게 최소한의 훈련을 시켜 맡기기로 하였다.

이렇게 해서 평신도들의 심방 사역이 시작되었는데 이에 관해 몇 가지 소개한다.

평신도 심방 사역자 선발

첫째, 항존직분자(권사, 안수집사, 장로) 중에서 선발한다.

둘째, 현재 구원의 확신이 분명하고, 지금도 구원의 감격을 유지하고 있는 항존직분자 중에서 선발한다.

셋째, 영혼 구원(전도)의 열정이 살아 있는 항존직분자 중에서 선발한다.

훈련

긴 기간 교육할 수 없으므로 5일 동안 저녁 시간마다 교회의 세미나실에 모여 교육했다.

심방하면서 해서는 안 될 말과 행위 등 금기사항부터 교육했다. 성도를 위해 기도하는 법, 문제를 제기할 때 대처하는 법, 상대방의 말을 잘 듣는 법, 예상 가능한 문제들(교회, 목사, 헌금, 교회 안의 문제 인물들, 이념, 정치, 인간관계, 이단, 다른 교회 등)에 대해 교육하였다.

전문적이라기보다는 일반적이고 상식적이며 기본적인 것 중심으로 가르쳤다. 특히 금기사항을 더 중점적으로 가르쳤다. 무엇보다도 순간순간 성령님을 의지하고 기도하면서 겸손하게 섬기는 마음으로 심방하도록 했으며, 아무리 사소한 문제라도

발생하면 바로 담임목사나 부목사들에게 알려서 도움을 구하도록
했다.

진행
첫째, 두 사람이 함께 짝을 이루어 하는 것을 원칙으로 한다.
둘째, 심방한 내용은 반드시 기록으로 남기도록 한다.
셋째, 심방 기록은 부목사들과 공유한다.
넷째, 사역자들을 정기적으로 모아 애로사항을 들으며, 기도와
식사로 격려한다.

결과
부목사들은 근무 시간이 있어서 퇴근 시간 후에는 업무가
어려운데 평신도 심방 사역자들은 오후 6시 이후에도 필요한
심방을 한다.

완도는 전국 미역의 약 65퍼센트를 생산·가공하는 지역이다.
미역이 생산되고 공장이 가동되기 시작하면 일손이 아주 모자란다.
그래서 "미역철에는 군수 부인도 미역 공장에 나간다"는 말이
있을 정도로 일손이 부족하고, 밤늦게까지 공장이 돌아간다.
1980년대에는 저녁 11시까지 일하는 곳도 부지기수였다.

이런 상황 속에서 저녁 늦은 시간에 집으로 찾아가는 것이
부목사들은 거의 불가능한 일인데 평신도 사역자들은 큰 부담
없이 퇴근 시간을 기다렸다가 찾아가서 만나고 오는 것이니
평신도들이 아니면 어려운 일이었다.

직장에 찾아가는 것도 큰 이점이 있었다. 완도읍은 좁은

지역이기에 웬만하면 얼굴을 아는 사람이 많다. 그래서 완도에 오래 살고 있는 평신도 심방 사역자들은 관청이나 직장에 찾아가도 자연스럽게 만나서 대화하고, 필요한 심방을 하고 오게 되었다.

특히 탁월한 장점은 이른바 교회 용어로 '시험에 들려고 하거나', 교회에 그만 나가겠다고 생각한 성도들에게 좋은 결과가 있었다. 평신도 심방 사역자들이 자신들이 교회에 처음 나왔을 때의 이야기와, 교회 적응에 어려웠던 이야기, 자신들도 그만두려고 했는데 그걸 극복하고 오늘에 이르렀던 이야기들을 들려주면서 감동을 주어 해결한 사례가 아주 많았다.

당연히 부목사들이 필요하지만, 자신들과 동일한 입장에서 들어주고 간증하고 손잡아 이끌어 주니 좋을 수밖에 없었던 것이다. 부목사들과 평신도 심방 사역자들은 서로 보완관계이고, 협력하면 시너지 효과가 분명하다.

10 평신도 속 야성을 끌어내기

사도행전을 비롯한 신약성경은 모두 야성으로 충만한 내용의 말씀이며, 충만한 야성을 바탕으로 개척에 나선 성령의 사람들에 관한 이야기이기도 하다. 열두 사도들이 그렇고, 바울 사도가 그렇고, 대부분의 지역교회들이 개인의 가정집에서 시작한 것이 그렇다. 가는 곳마다 박해뿐인데도 기어이 복음을 전하여 교회를 시작한 일이 그렇고, 여기에서 교회가 조금만 안정되면 다른 지역으로 옮겨 또 새로 개척을 시작한 일이 그렇지 않은가?

그런데 요즈음의 교회, 목사, 교인들에게서는 성령께서 주시는 이런 야성을 찾아보기가 쉽지 않다. 교회의 비극이다! 오늘날 교회가 안 되는 이유 중의 하나이기도 하다. 세상의 문화가 편하고 안락하고 안 움직이고 안전한 것, 고생 안 하고 머리로만 하는 일에 치중하고 선호하다 보니 이 문화가 은연중에 교회와 성도들의 마음속까지 들어와 지배하고 있다. 정말 큰일이다. 이런 세속의 문화에 동화되어서 언젠가부터 교회와 성도들에게서 야성이 사라져 버렸다!

생각해 보라! 예수님도, 열두 사도들도, 신약성경에 등장하는 스데반 집사님과 빌립 집사님을 비롯한 수많은 평신도들도 모두 야성이 충만한 하나님의 사람들 아니었던가? 우리 안에도 이 야성이 반드시 있다! 사용하지 않아서 움츠러들고 감추어져 버린 것이다!

이걸 찾아야 한다! 꺼내서 사용하게 해야 한다! 이 야성을 끌어내어 사용하게 하는 것이 평신도 사역이다! 목사와 성도가 함께 기도하면서 성령님께 이 야성을 회복시켜 달라고 간구하고, 구원의 감격을 바탕으로 자기 은사에 맞는 사역을 시작함으로 야성과 개척정신을 활용해야 한다. 목사도, 성도도 모두 그리스도인의 야성을 회복해서 세상과 당당하게 맞서고, 그들 속으로 파고들어 가서 정면 승부해야 한다. 여기에 교회의 또 다른 희망이 담겨 있다.

이야기 ⑩
8월의 크리스마스

완도는 한반도 최남단에 위치한다. 지도를 보면 바로 알 수 있다. 완도항에서 제주항까지의 거리는 직선거리로 93킬로미터이며 서울까지는 그만큼 더 멀다는 뜻이다. 그래서 완도에서 문화를 향유하기란 쉬운 일이 아니다. 문화에 대한 목마름이 주민들에게는 아픔이기도 하다. 이런 상황을 누구보다 잘 알고 있던 나는 '해결책이 없을까?'를 오랫동안 고민하고 있었다.

이 고민 속에서 두 가지의 결과물이 나왔는데 하나는 누구나 와서 편하게 듣고 보는 음악회였다. 우리 교회 스타일로 즉시

2019년 8월 23일 제3회 가든음악회에서
음식을 나누기 위해 줄을 서 있는 성도들과 지역 주민들의 모습이다.

101

위원회를 구성하였다. 이름하여 '가든음악회'였다. 이때가 2016년 봄이었는데 이때부터 준비하여 2017년 8월 31일 첫 공연이 '8월의 크리스마스'라는 주제로 열렸다. 장소는 완도읍 장좌리 바닷가에 있는 수석공원이었다.

직장인들이 식사를 못하고 오게 되니 우리가 식사를 준비하자 해서 간단하게 경양식으로 준비하여 누구나 와서 6시부터 식사를 하게 했다. 교인들은 물론이지만 지역 주민들을 초청하여 400여 명이 물결 춤추는 바닷가 수석공원에서 즐거운 시간을 가지게 되었다.

그랜드 피아노까지 옮겨서 연주를 하게 하였다. 무대도 잘 꾸몄는데 공원 소나무에 천을 드리워서 환상적인 무대가 되었다. 세계 3대 음악교육기관인 영국 왕립 음악원에서 첼로를 전공한

2018년 9월 11일 제2회 가든음악회에서 음식을 나누는 성도들과 지역 주민들의 모습이다.

김하은 선생이 출연한 것을 비롯, 현악 앙상블과 성악, 피아노 연주 등 90분 동안 다채로운 공연이 이어졌고, 박수와 환호가 끊이지 않았다.

이후로도 이 '8월의 크리스마스'라는 이름의 가든음악회는 지금까지 계속되고 있다. 이 음악회의 기획, 주제 설정, 출연진 섭외 등 모든 것을 평신도위원회가 자체적으로 결정하여 담임목사의 결재를 받아 시행한다.

지역 신문을 포함한 언론에서 이 음악회에 대한 긍정적인 보도와 논평이 이어졌다. 성악을 전공한 우리 교인인 이지은 권사, 이태성 안수집사 등과 지역 음악인들도 출연하여 좋은 반응을 얻었다.

제2회 가든음악회 중 김하은 첼리스트의 연주 모습.
김하은 선생은 수년간 매주 완도에 내려와 성도들과 지역민으로 구성된 학생들을 성심성의껏 가르쳤다.

11 지역 내 수평 이동은 없어야 한다!

완도성광교회는 개척 이래로 41년 동안 완도읍에 있는 다른 교회 교인들의 등록을 받지 않고 있다. 즉 수평 이동을 허락하지 않는다. 타 지역에서 이주한 경우는 지금도 이명증 서와 함께 등록을 받는다. 평신도 사역을 하는 교회의 자긍심 이면서 특징이기도 하다.

오늘날 한국 교회를 병들게 한 원인 중의 하나가 바로 수 평 이동이다. 주로 도시권에서는 예배당만 잘 지어 놓으면, 목사의 설교만 좋으면, 프로그램이 좋으면 교인들이 몰려온 다. 이명증서도 필요 없고 교단이 달라도 문제되지 않는다. 오히려 은근히 교인들을 통해 수평 이동을 유도하기도 한다. 현재 한국 대형교회 가운데 여기에서 자유로운 교회가 단 하 나라도 있을까?

가만히 있어도 교인이 들어오니 출석은 늘어나고 헌금 은 많이 나오고, 목회는 잘하는 것으로 보이니까! 이것이 옳 지 못한 일인 줄 알면서도 모르는 척 넘어간다. 자기가 목회 를 잘해서 교회가 부흥한다고 은근히 내세운다.

그러니 온갖 고생하면서 불신자들에게 전도할 마음이 생길 리가 만무하지 않은가? 그래서 수평 이동이 많거나 그로 인해 커진 교회는 대부분 전도에 취약하다. 그래서 한국 교회의 자생력은 약해지고 불신자 전도는 거의 사라지며, 젊은이는 떠나가고 노인들은 하늘나라로 가고 교회는 갈수록 내리막길로 치닫고 있지 않은가?

결국 수평 이동이 문제이다. 그 문제점을 살펴보자.

첫째, 교회를 자주 옮기는 교인들을 살펴보면 대개 이유는 이렇다. 교인들과 다투어서, 목사나 장로가 마음에 안 들거나 다투어서, 자기 의견을 안 들어줘서, 항존직 투표에 피택이 안 되어서, 이런저런 일로 기분 나빠서, 자존심 상해서, 자기를 중용하지 않아서 옮긴다(물론 드물기는 하지만 필자가 보아도 도저히 더는 그 교회 못 나가겠다는 생각이 드는 성도도 있기에 그분들에게는 미안하게 생각한다).

둘째, 이 이유들이 타당한가? 지극히 자기중심적이고 이기적이며, 어디에 가도 이런 스타일로 살면 환영받을 사람일까? 이런 사람들이 교회 옮긴다고 달라질까? 자기가 달라져야지 교회 옮긴다고 무엇이 변하겠는가?

셋째, 그런데 이런 사람들을 검증 없이 등록을 받으면 이건 또 정상인가? 세상 직장에서도 이런 일은 금기시한다. 그런데 거룩을 입에 달고 사는 교회와 목사가 세상 기업만도 못한 윤리 의식으로 아무나 받아 준다면 이건 도대체 무엇인가? 드문 경우라고 생각하지만 이웃 교회에서 교인이 오니까 환영식까지 해주는 교회도 보았다. 이게 전도인가? 교인 도둑질 아니면 무엇이란 말인가?

넷째, 필자는 심지어 이런 일도 여러 건 보았다. 개척하여 어려운 여건에서 고군분투하는 목사의 교회에 이웃 교회의 안수집사가 와서 감사히 여기고 등록을 받았다. 한 사람이 얼마나 귀하고 소중한 때인가? 그 심정을 이해하지 못하는 바는 아니다. 그러나 2년 후 사건이 터져 교회가 더 어려워지고 목사가 쫓겨날 상황에 이르렀다. 그 집사는 장로 되는 목적으로 왔는데 이 교회에서도 장로 될 가망이 안 보이자 본색을 드러내서 몇 되지도 않는 교인들을 선동하여 교회를 흔들고 말았다. 그 후 이 후배 목사가 다시는 다른 교회 교인은 등록받지 않겠다고 몇 번씩이나 다짐하는 것을 보았다.

다섯째, 이제 그쳐야 한다! 수평 이동을 허락하지 않아야 한다. 하나님 편에서 생각해 보자. 내 핸드폰을 왼쪽 주머니에 넣으나, 오른쪽 주머니에 넣으나 내 것이기는 마찬가지 아닌가? 이 교인이 이 교회에 나가나, 저 교회에 나가나 하나님 편에서는 똑같지 않은가? 주님께서 말씀하시기를 "또 이르시되 너희는 온 천하에 다니며 만민에게 복음을 전파하라"(막 16:15) 하셨지 이 교인 저 교인 다 받으라고 하시지는 않으신 것 아닌가?

여섯째, 교인이 많든 적든 목사와 성도가 서로 신뢰하고 사랑하며 바울 사도처럼 영혼 구원에 미쳐서 살고 평신도를 양육하여 예수님의 제자를 만들고 사역자로 세워서 동역자가 되면 이것이 행복한 목회요 건강한 교회요 주님의 교회 아니겠는가?

일곱째, 수평 이동을 버리고, 있는 성도들을 양육하여 전도자로 세워서 건강한 교회를 이루는 것이 평신도 사역이다.

오케스트라위원회

열 번째 이야기에서 지역 주민들의 문화에 대한 목마름에
대해 고민하다가 나온 결과물이 두 가지라고 하였는데
'가든음악회' 외에 또 하나가 '오케스트라위원회'였다.

가든음악회가 결실을 맺자 또 한 가지 생각이 났는데 '지역의
음악 꿈나무들을 키우면 어떨까?' 하는 것이었다. 완도에서는
레슨을 받으려면 대개 주말을 이용하여 100킬로미터가 넘는
광주나 목포까지 가야 했기 때문에 어려움이 많았다. 시간이며
교통편이며 경제적인 이유가 복합적으로 작용하기 때문이다.

'어떻게 꿈나무들을 키울까?' 고민 중에 이모저모로 친분이
있는 김하은 첼리스트가 생각났다. 첼리스트 김하은은 영국
로열 뮤직 아카데미(왕립 음악원)를 졸업한 재원이었으며 우리
가든음악회의 첫 번째 출연자이기도 했다.

즉시 김하은 선생을 만나서 완도와 우리 교회 상황을
이야기했다. "쉬운 일이 아닌 줄은 알지만 일주일에 한 번씩 완도로
내려와서 기악팀을 가르쳐 줄 수 없겠느냐? 학생 모집은 우리가
알아서 하겠으니 깊이 생각해 보라!"

며칠 후 김하은 선생으로부터 하겠다는 답이 왔다. 정말
고마웠다. 그렇게 해서 김하은 선생이 2018년부터 매주 월요일에
내려와서 지도하다가, 화요일 저녁이나 수요일에 서울로 올라가는

일을 3년 반 동안이나 계속하였으니 정말 대단한 열정이었다. 이 지면을 통해 다시 한번 감사의 말을 전한다.

그동안 약 50여 명이 성인반과 학생반으로 나누어서 개인별로 지도를 받았다. 이 과정에서 자연스럽게 교회를 다니지 않는 주민들과 아동들도 참여하게 되었고, 비율은 교회와 관계없는 사람들이 50퍼센트에 약간 못 미치는 정도였다.

처음에는 첼로와 바이올린 등 현악기 중심으로 레슨이 이루어졌는데 그 후로 발전하여 광주와 목포에서 선생님들이 더 참여하여 플룻, 피아노, 트럼펫 등을 가르치게 되었다. 교회에서는 오케스트라가 조직되어 주일 낮 3부 예배와 수요일 저녁예배에서 연주하고 있으며, 첼로를 전공으로 선택하고 진학하는 학생들도 나오게 되었다.

이 오케스트라위원회도 시작은 목사가 하게 해주었지만

제4회 성광음악회를 준비하며
합주 연습을 하는 모습이다.

그 후로는 일체의 일을 평신도위원회가 진행하고 있다. 오케스트라
위원회는 머지않아 군민회관에서 주민들을 대상으로 연주회도
가질 계획을 세우고 준비하고 있다.

제4회 성광음악회를 마치고 김하은 선생과 제자들이
함께 찍은 단체사진이다.

12 평신도 사역의 구체적 실천 방법

은사론을 바탕으로 교회와 성도들의 수준에 맞게 훈련
하되, 어떤 교재나 프로그램으로 실시하든 완전히 자기 것으
로 만든 후 시행한다.

은사 찾아 주기

첫째, MBTI 세미나이다. MBTI는 캐서린 쿡 브릭스(Katharine Cook Briggs)와 이사벨 브릭스 마이어스(Isabel Briggs Myers)
가 카를 융의 심리유형론을 근거로 일상에서 유용하게 활용
할 수 있도록 고안한 성격유형지표이다. 사람의 성격을 16개
유형으로 분류하여 가르치는데 자신과 다른 사람(성격)을 이
해하는 데 큰 도움이 된다. 요즘에는 중·고등학교는 물론 웬
만한 중소기업까지도 이를 활용하여 직원들을 자기 성격에
맞게 적재적소에 배치하여 본인도 즐겁게 일하고, 회사도 능
률을 높이는 데에 적극 활용하고 있다.

둘째, 은사 세미나(5장 '평신도 사역자 교육' 참고)이다. 기본
적으로 이 세미나를 이수하지 않으면 가장 낮은 단계의 사역

외에는 못하게 되므로 세례를 받으면 반드시 은사 세미나에 참여하게 한다.

평신도 사역의 활동 무대(운동장) 만들기

아무리 축구에 재능이 있고 뛰어난 선수일지라도 방 안에서 축구를 할 수는 없지 않겠는가? 평신도들도 그렇다. 아무리 자기 은사가 뛰어나도 무대가 있고 운동장이 있어야 마음껏 뛸 수 있는 것이다. 교회나 목사가 성도들에게 일하라고 하면서도 무대는 마련해 주지 않으면 어떻게 일을 하겠는가?

평신도들의 은사에 맞는 무대가 바로 위원회이다. 교회에 따라 팀, 소그룹 등 다른 명칭을 사용할 수도 있다. 이를 위해 교회마다 성도들의 은사에 맞는 위원회를 구성하여 마음껏 재능을 펼칠 수 있게 해주어야 한다.

위원회 배정

첫째, MBTI 세미나와 은사 세미나 결과를 바탕으로 성도들이 지원하게 하고, 또 성도들의 은사에 맞는 위원회에 배정한다.

둘째, 완도성광교회의 경우는 매년 11월 셋째 주에 모든 성도들에게 내년도 '평신도위원회 사역지원서'를 배부하는데 여기에는 내년에 운용하는 위원회 이름 600~800여 개가 인쇄되어 있다. 성도들은 내년에 자신이 활동하고 싶은 위원회에 ○표 하여 제출한다.

셋째, 지원서를 배부하면서 구두로 광고하고, 지원서에도 문구를 넣는다. 내용은 (가) 반드시 자기 은사에 맞는 위원회에 지원해야 하며 은사에 맞지 않는 위원회에 지원하면 배정을 받지 못한다는 것과 (나) 한 위원회 정원이 15명인데 한 위원회에 지원자가 많으면 배정을 받지 못할 수도 있으니 이해하라는 것이다.

넷째, 지원서가 모두 모이면 관리사역위원회에서 지원 내용을 컴퓨터에 입력하고, 회람하면서 문제가 없는지를 확인한다.

다섯째, 정리된 보고서는 총괄위원장과 지도 교역자를 거쳐 담임목사에게 전달되고, 담임목사가 검토 후 결재하면 요람위원회로 넘겨 내년도 요람에 넣어 인쇄한다.

여섯째, 임명장은 따로 없다. 신년도 요람이 배부되고, 위원회 조직표에 자기 이름이 있으면 그 위원회에서 1년 동안 활동하는 것이다.

임명받은 후 위원회 활동 방법

첫째, 위원회의 임원을 임명한다. 신년도 요람이 배부되고 위원회 조직이 공개되면 위원장 등의 임원이 함께 임명될 수도 있고, 위원들만 있고 임원 조직은 없는 경우도 있다. 조직이 없는 경우는 선임자가 회의를 소집하여 회의에서 임원을 뽑아 조직한다.

둘째, 성령님의 인도하심을 받아야 한다. 기도가 우선이다! 아무리 지혜가 있고 지식이 풍부한들 성령님의 감동하심에 비할 수는 없다. 그러므로 평신도 사역의 성패는 성령님의 도우심을 받는 데 있다고 할 수 있다. 그래서 평신도 사역에서 모든 회의와 계획과 사역 전에 기도로 성령님의 도우심을 구하는 것이 가장 강조된다.

모든 위원회 회의 전에는 반드시 QT 또는 기도회를 먼저 하고 회의에 들어가야 한다. 이 부분은 아무리 강조해도 지나침이 없다.

셋째, 연초에 사역계획 수립을 위한 계획서를 제출한다. 위원회 조직이 완료되면 먼저 어떠한 방법과 절차를 통하여 사역계획을 세울지를 결정해야 한다. 사역계획을 작성하는 것이 아니라 어떤 방법으로 계획을 세울지를 논의하는 것이다.

위원장 중심이거나 또는 위원장 뜻대로 사역을 하는 줄 착각하고 독재 스타일로 끌고 가는 경우도 간혹 있기에 그런 문제점을 줄이기 위해 이 과정이 필요하다.

넷째, 해당 위원회 사역에 대한 책을 읽는다. 이제 본격적으로 위원회의 목적 달성을 위한 공부를 해야 하는데 가장 쉽고 빠른 방법이 독서이다. 위원회의 목적과 관계된 책을 구하여 읽고 발표를 하면서 답을 찾는 과정이다.

예를 들어 특별새벽기도회준비위원회라면 새벽기도회에 관련된 책을 모두 구해서 위원들이 분담하여 읽은 후, 전체 회의에서 발표하고 토론하면서 좋은 점과 문제점을 나누고, 우리 교회에서는 어떻게 해야 좋을까 하는 아이디어를 찾는 것이다.

다섯째, 탐방을 다닌다. 특정 사역을 우리 교회보다 잘하는 교회 현장에 가서 자료를 구하고 배우는 것은 아주 중요하다. 그래서 우리는 어디든 더 잘하는 곳이 있으면 찾아간다.

우리 교회에도 1,400여 교회가 다녀갔지만, 그 교회들보다 우리가 확실하게 더 잘하고 있다고 자신하는 것은 바로 탐방이다. 왜냐하면 우리는 국내뿐 아니라 외국까지 견학을 다니기 때문이다.

이 세상에 완전한 사람도, 완전한 교회도 없다. 그러므로 탐방을 두려워하지 말고 잘하는 곳을 찾아가 배우고 벤치마킹하면서 몸부림치고 애를 써야 한다. 그럴 때 주님께서는 그 마음과 모습을 예뻐하시고 길을 열어 주시는 것이다.

여섯째, 인터넷을 통해 양질의 자료를 찾는다. 요즘은 AI까지 등장했으니 새로운 검색 기능을 익혀 활용하면 더 나은 정보들을 얻을 수 있다.

일곱째, 초청 세미나를 연다. 견학도 필요하지만 그만큼 직접 교육이나 세미나가 필요한 경우도 있다. 그러면 그 강사를 초청하여 위원회 또는 관련 부서들과 협력하여 세미나를 개최한다.

여덟째, 최종 보고서를 작성하여 제출한다. 이런 과정을 거치면서 사역의 방향과 방법, 시기 등의 윤곽이 잡힌다. 그러면 많은 회의와 기도회를 거쳐 사역계획서를 완성한다. 완성된 사역 계획서는 사역 시작일로부터 최소 4주 전에는 총괄위원장과 지도교역자를 거쳐 담임목사에게 전달된다.

아홉째, 사역의 승인을 받는다. 담임목사는 사역계획서를 검토하여 다음의 하나로 결재하여 보낸다. 하나, 계획서대로 하라. 둘, 수정·보완하여 다시 제출하라. 셋, 담임목사가 직접 수정한 후 이렇게 하라고 제시한다. 넷, 다른 위원회와 중복 또는 비슷한 내용인 경우 공동으로 하거나 위원회끼리 모여서 의논하여 다시 결정하도록 한다.

열째, 담임목사의 승인이 나면 사역을 진행한다. 여기서 주의할 사항은 이렇다. 모든 사역의 맨 위에서 전체적으로 살펴보면서 조화를 이루고 완급 조절을 할 사람이 필요한데 이 역할은 아무래도 담임목사가 제격이다. 그러므로 **어떤 일이 있어도 담임목사의 승인이 있기 전에는 사역을 시작하면 안된다!**

아무리 좋은 일이고 교회를 위한 일이라 해도, 수십 개 수백 개 되는 위원회가 자기들 마음대로 하면 어떻게 되겠는가? 교회가 매우 혼란스러울 수밖에 없다. 그래서 어떤 위원회 사역도 담임목사의 승인이 있기 전에는 시작하면 안 된다. 통제가 안 되면 치리를 해서라도 이 부분은 확실하게 해야 한다. 이것은 교회 전체를 보호하기 위해서 꼭 필요한 일이다.

열한째, 결과 평가와 보고서 및 회의록을 제출한다. 사역이 끝났으면 반드시 세 가지를 제출한다. 하나, 첫 회부터 마지막 회의까지의 회의록과 둘, 사역 평가서와 셋, 사역 자료(사진, 영상, 기구 등 모든 자료)이다. 총괄위원장과 지도 목사는 위원회를 통하여 이 세 가지를 잘 수집하여 제출하게 한다.

열두째, 데이터베이스화한다. 제출된 결과 평가와 보고서, 회의록은 데이터베이스화하여 다음 위원들과 교회가 참고하게 한다.

질문에 대한 답변

1,400여 교회가 우리 교회를 탐방하면서 가장 많이 한 질문에 대한 답변을 요약하면 다음과 같다.

하나, 평신도 사역은 평신도 마음대로 하는 것이 아니다. 성경과 담임목사의 목회철학, 원칙 아래 진행하는 사역이다.

둘, 어느 날 갑자기 실시하기보다 목회자와 성도들 간에 어느 정도 신뢰감이 조성되었을 때에 시작하는 것이 효과적이다. 그리고 계속 신뢰감 조성에 힘써야 한다.

셋, 평신도 사역은 처음부터 바로 잘되기는 쉽지 않다. 평신도 중에는 특정 분야 전문가가 많지만, 교회와 목회에 대해서는 전문가가 아니다. 그러므로 목회자가 코치로서 참아 주고 기다려 주고 격려하다 보면 점점 더 좋은 결과가 나오게 되어 있다.

넷, 목회자가 막연하게 '하면 좋지 않을까?' 하여 시작하기보다는 충분히 공부하고 확신이 설 때, 자기 것으로 만든 후 시작하는 것이 효과적이다.

다섯, 목사의 제자가 아닌 예수님의 좋은 제자를 만드는 데에 초점을 맞추라. 이게 성공하면 자연스럽게 목사의 제자도 된다.

여섯, 성급하면 실패하기 쉽다. 여유를 가지고 성도들과 자연스럽게 교제하면서, 격려를 반복하고, 긍정적으로 보면서 기다려야 한다. 인내는 평신도 사역의 필수 과정이다.

일곱, 정해진 임기는 없으나 위원장의 임기는 2~3년이 무난하다. 오래 하면 새것이 나오지 않고, 너무 짧아도 연속성이 없으니 교회 형편과 교인 수에 따라 2~3년이 무난하다.

여덟, 장로를 잘 활용해야 한다. 장로도 은사에 따라 맞는 위원장이나 총괄위원장에 임명하고, 교회의 정책을 다루는 일에 책임을 가지고 임하게 해야 한다.

특히 교인들에게 장로를 존중하도록 해야지 평신도 사역으로 장로를 무력화시키려는 의도가 있다면 100퍼센트 실패할 수밖에 없다. 다시 강조하지만 장로를 존중하고, 교인들에게 존중하게 하고, 장로의 은사를 좋은 쪽으로 적극적으로 활용하게 해주어야 한다. 전통적인 교회일수록 장로를 잘 활용해야 평신도 사역이 성공할 수 있다.

아홉, 위원회는 특별위원회 성격이기 때문에 필요하면 그때그때 조직하여 임명하고, 필요 없거나 임무가 종료되면 해산하면 된다.

열, 위원 선정은 기동성도 있어야 하고, 교인들 전체를 잘 알기도 해야 하기 때문에 담임목사가 부목사들과 의논해서 하는 것이 가장 효과적이다.

그래서 우리 교회에서는 위원회 인선은 필요하다고 생각할 때에 담임목사가 수시로 임명하고 해산할 수 있도록 1984년도에 당회에서 결의를 하였고, 지금까지 그렇게 하고 있다.

열하나, 임명이나 해산은 별도의 통보 없이 신년도 요람 배부로 대신한다. 이 부분은 완도성광교회의 경우이고, 필요하다면 교회의 상황에 따라 주보나 다른 형식으로 임명할 수도 있겠다.

열둘, 어떤 경우도 담임목사의(또는 책임 부목사) 사역 승인 없이는 사역을 시작하면 안 된다.

평신도 사역의 결과들

40여 년 동안 완도성광교회에서 평신도 사역을 실시하여 얻은 결과를 소개한다.

하나, 새신자들의 정착이 빠르고 정착률이 높다.

둘, 좋은 의미에서 주인의식이 강해진다. 초신자도 등록 후 3~6개월 정도면 자연스럽게 우리 교회라는 단어를 사용한다.

셋, 경쟁이나 시기, 질투는 사라지고, 사역자들 간에 서로 존중하는 분위기가 조성되어 교회가 평화롭다.

시기와 질투는 대개 나는 존중, 인정, 주목받지 못하는데 다른 사람이 잘 나가면 나타나는 현상이다. 우리 교회에서는 자기가 먼저 사역자로서 한 분야에서 이미 존중과 주목을 받고 있는데 시기와 질투를 할 이유가 없어진다. 또한 다른 성도가 잘하면 서로 격려하고, 손잡아 주니까 모두 동지의식이 생겨 더욱 친밀해진다.

넷, 은사를 존중해 주는 분위기가 형성되기 때문에 어떤 일이 생기면 서로 간에 "그건 누구가 잘할 텐데요!" 하는 말이 자연스럽게 나온다. 왜냐하면 그쪽 분야에 은사가 있는 성도가 누구인지 대개 알고 있기 때문이다. 그래서 갈등의 소지가 줄어들게 된다.

다섯, 어떤 교인이든 목사보다 잘하는 일이 한 가지는 있어야 함에 동의하고, 그것은 자기의 은사이며 적극적으로 활용해야 한다고 생각한다.

여섯, 성도들이 교회 내외에서 무슨 사역이든 할 기회가 주어지면 무조건 하겠다, 안 하겠다보다는 이것이 나의 은사에 맞는가, 안 맞는가를 먼저 생각한 후 결정하게 된다.

일곱, 대부분의 성도들이 사역자가 되어 일하기 때문에 교회 전체가 활기에 넘치는 모습을 볼 수 있다.

여덟, 목사와 장로 간의 갈등이 없고 서로 존중하며 당회가 평안하니 교회 전체적인 분위기가 아주 좋아진다. 감히 자부하건대 당회가 이보다 평안하고 좋을 수가 있을까 싶다.

아홉, 성도들이 출석하는 교회에 대한 자부심이 크고 만족감이 매우 높다.

열, 자연스럽게 교회는 성장하고 성숙해진다. 사실 목사가 잘해서 그렇게 된 게 아닌데 목사가 목회를 잘해서 교회가 잘되는 것처럼 사람들이 느낀다. 그러나 사실은 평신도 사역자들의 공이다.

열하나, 목사가 성도들의 은사를 존중하여 활용하게 해주는 만큼, 또는 그 이상으로 성도들은 목사의 목회 전문성을 존중하고 존경한다.

열둘, 평신도 사역자들이 모든 분야에서 열심히 사역하므로 목사는 기도, 묵상, 공부와 연구, 말씀과 영성훈련 등 본질 사역에만 충실할 수 있다.

열셋, 대부분의 유명 교회들은 거의 목사의 카리스마 리더십을 비롯한 설교, 치유, 훈련으로 교회가 성장하고 유명해지기 때문에 교회나 교인들이 목사의 덕을 보는 경우라고 할 수 있다.

그러나 완도성광교회는 목사가 잘해서가 아니고, 성도들이 자기 은사에 따라 열심히 사역해서 잘되는 아주 특이한 경우이다. 그래서 목사가 교인들의 덕을 보고, 교인들 때문에 목사가 유명해지고 행복한 목회를 하고 있다.

열넷, 우리 교회의 평신도 사역에 대해 여러 기관에서 연구하고 논문도 발표하였다.

2010년에는 소망교회(김지철 목사)의 연구비 지원으로 장로회신학대학교에서 선교적 교회론을 강의하는 한국일 교수(당시 실천처장)를 비롯한 다섯 교수들이 완도성광교회를 방문하였다. 이들은 평신도 사역자들을 만나 심층 인터뷰를 진행하는 등 연구·분석하여 논문을 공동으로 집필하여 발표하기도 하였다. 또한 대학원에서 공부하는 목회자들이 완도성광교회의 평신도 사역을 연구하여 석사학위 논문도 다수 나오게 되었다.

열다섯, 우리 교회를 견학한 목회자와 신학자들은 목사
와 평신도 사역자들의 팀워크가 가히 '환상적인 드림팀'이라
할 만하다고 말한다.

완도성광교회
직영기관 직원 250명

완도성광교회는 1982년 개척 때부터 주민들을 잘 섬겨서
마을에 감동을 주고, 그 감동을 바탕으로 지역사회 안에 있는 전체
교회들의 이미지를 개선하여 전도에도 도움을 주고자 했다.

소년소녀가장 지원, 영세민 병원비 지원, 장학금 지급,
영세민 연료비 지원 등의 기초적인 사역을 하다가 1993년에
어린이 선교원을 시작으로 복지기관들을 설립하여 운영하였다.
복지기관들을 운영하면서 평신도 사역을 하는 교회로서 고령화
사회를 대비하고, 지역을 제대로 섬기기 위해 미리 준비하고
배워야겠다는 필요성을 강하게 느꼈다.

그래서 나주시에 소재한 나주대학과 협약을 맺고 우리
교회에서 나주대학 완도 학습장을 유치하여 운영하게 되었다.
이후 교육부에서 학습장을 폐쇄하기까지 350여 명의 나주대학
졸업생을 배출하였는데 졸업생들은 모두 국가 자격증 2종(보육교사,
사회복지사)과 협회 자격증 5종을 취득하였다. 이렇게 해서 현재는
20여 개의 복지기관과 시설을 운영하고 있으며, 정식으로 급여를
받는 직원의 수는 250여 명에 달한다.

여기에서 강조하고 싶은 것이 있다. **1993년부터 이렇게
많은 복지기관을 운영하고 많은 직원들이 사역하고 있는데 아직**

큰 사고가 없다는 점이다! 정말 놀라운 일인데 이는 전적으로
하나님의 은혜요, 평신도 사역자들의 믿음과 헌신 때문이다.

지금 이 글을 쓰면서도 떨칠 수 없는 생각은 '평신도 사역이
아니었으면 이 일이 도대체 어떻게 가능했을까?'이다. 평신도
사역자들이 얼마나 고맙고 감사한지 말로 다 표현할 수가 없다.

독자들께서 참고하시도록 현재 운영하고 있는 복지기관
목록을 올린다.

영유아 복지기관
· 성광어린이집
· 성광아이맘스쿨
· 성광아이돌보미센터

청소년 복지기관
· 사단법인 "꿈틀"
· 성광지역아동센터
· 결식아동 도시락 배달
· 완도청소년문화의집
· 완도군청소년상담복지센터
· 완도군학교밖청소년지원센터
· 성광청소년방과후아카데미
· 성광청소년수능공부방
· 완도진로지원체험센터

가족 종합 복지기관
· 사단법인 "행복한쉼터"
· 성광종합사회복지관
· 완도군가족센터(건강가정지원센터)

노인 복지기관
· 청해요양원(완도군 노인전문요양시설 1호)
· 성광노인복지센터
· 독거노인 도시락 배달
· 노인주간보호센터
· 방문요양센터
· 이동목욕센터

다문화 복지기관
· 완도군다문화가족지원센터
· 성광다문화도서관
· 외국인근로자지원센터

기타
· 성광자원봉사센터
· 완도푸드뱅크

글을 마치며

이 글을 쓰면서 가장 어려웠던 점은 수천 개의 평신도 사역
사례 중 어떤 것을 기준으로 열두 개만 선택하여 소개하느냐였다.
완도성광교회 40년 역사는 평신도 사역의 역사이기도 하고,
모두가 옥동자와도 같은 실제적인 이야기이기 때문이다.

지금 우리는 매우 급격한 변화 속에서 사역하고 있다. 교회의
형태도 다양해지고 목회의 방법도 그렇다. 목사의 이중직이나
삼중직도 가능해지고, 웬만한 프로그램은 AI가 대신하는 경우도
늘어 갈 것이다. 그러나 사람이 중심이고 중요하다는 점은 변하지
않는다. 어떤 형태의 교회나 어떤 방법이나 스타일의 목회도
결국은 사람이다.

그리고 하나님께서 각 사람에게 주신 탤런트는 무한한
가능성을 갖고 있다. **아무리 시대가 변하고 상황이 바뀌고
달라져도 사람과 그 사람의 탤런트는 언제나 중심일 수밖에
없다!** 하나님께서 거저 주신 그 탤런트를 어떻게, 얼마나, 제대로
활용하느냐 또는 활용하게 하느냐가 관건이다.

그런 점에서 필자가 40년 동안 시행했던 평신도들의
탤런트를 활용한 평신도 목회사역 이야기(보고서, 간증, 사례 발표)가
동역자들과 한국 교회에 다소나마 도움과 도전이 되기를 바란다.

부록 — 평신도사역위원회 지원서 양식

아래는 완도성광교회 2012 평신도사역위원회 지원서(위원회 리스트)이다. 사역을 원하는 성도는 신청 표시란에 ○표를 하는데 자기 은사에 맞지 않는 곳에 표시하면 배정받지 못할 수도 있고, 정원(15명)보다 많이 신청하는 곳도 배정받지 못할 수 있음을 밝혀 둔다.

A. 교회 내 사역

1. 예배 사역

분야 번호	전체 번호	위원회명	지원 표시
1	1	예배안내기획위원회	
2	2	예배갱신기획위원회	
3	3	헌신예배특화프로그램위원회	
4	4	예배반주사역위원회	
5	5	반주자교육·양성사역위원회	
6	6	예배드라마지원위원회	
7	7	특별예배와행사지원위원회	
8	8	멀티미디어예배지원위원회	
9	9	찬양예배와찬양사역위원회	
10	10	찬양단협력조정사역위원회	
11	11	주일2부예배찬양사역위원회	
12	12	주일3부예배찬양사역위원회	
13	13	주일4부예배찬양사역위원회	
14	14	주일저녁예배찬양사역위원회	

분야 번호	전체 번호	위원회명	지원 표시
15	15	수요예배찬양사역위원회	
16	16	심야·철야기도회찬양사역위원회	
17	17	중창단찬양사역위원회	
18	18	성가대총괄위원회	
19	19	오케스트라협주찬양위원회	
20	20	예배율동위원회	
21	21	실버찬양단위원회	
22	22	실내악찬양사역위원회	
23	23	영어예배사역위원회	
24	24	찬양예배사역위원회	
25	25	기도예배사역위원회	
26	26	간증예배사역위원회	

2. 기도 사역

분야 번호	전체 번호	위원회명	지원 표시
1	27	심야·철야기도위원회	
2	28	정시기도위원회	
3	29	전교인특별새벽기도위원회	
4	30	행복한가정을위한특새위원회	
5	31	전도자능력기도위원회	
6	32	담임목사기도후원위원회	
7	33	중보기도사역위원회	
8	34	주일예배중보기도위원회	
9	35	월요중보기도위원회	
10	36	금요중보기도위원회	
11	37	365중보기도위원회	
12	38	릴레이금식중보기도위원회	
13	39	전도팀중보기도위원회	
14	40	구역장기도사역위원회	
15	41	교사회기도사역위원회	
16	42	기관별기도사역위원회	
17	43	특별위원회기도사역위원회	

분야 번호	전체 번호	위원회명	지원 표시
18	44	항존직분자목요기도위원회	
19	45	산상기도추진위원회	
20	46	기도학교위원회	
21	47	평교인금식기도위원회	
22	48	당회원금식기도위원회	
23	49	안수집사금식기도위원회	
24	50	권사금식기도위원회	
25	51	금식기도지원위원회	
26	52	최경주선수기도후원위원회	
27	53	완도군기관단체장기도후원위원회	
28	54	중3·고3·수능학생기도위원회	
29	55	중3·고3·수능생부모기도위원회	
30	56	성전건축일천번제기도위원회	
31	57	팀자율전도기도위원회	
32	58	일천번제기도위원회	

3. 사무·행정 사역

분야 번호	전체 번호	위원회명	지원 표시
1	59	교회사무·행정지원위원회	
2	60	전화사역위원회	
3	61	문자사역위원회	
4	62	주보편집위원회	
5	63	주보인쇄위원회	
6	64	주보제책위원회	
7	65	주보보관위원회	
8	66	주보배포사역위원회	
9	67	교회요람발간위원회	
10	68	교회보(월간)발간위원회	
11	69	카렌다제작위원회	
12	70	출판위원회	
13	71	기독언론홍보위원회	
14	72	언론홍보위원회	

분야 번호	전체 번호	위원회명	지원 표시
15	73	문서번역사역위원회	
16	74	설교테이프활용사역위원회	
17	75	위원회자료수집위원회	
18	76	위원회자료관리위원회	
19	77	인터넷운영·관리위원회	
20	78	사진인터넷게재위원회	
21	79	사이버월드지원위원회	
22	80	교회행사사진촬영위원회	
23	81	교회영상물제작·관리위원회	
24	82	직원은급위원회	
25	83	구역공과집필위원회	
26	84	교회브리핑위원회	
27	85	예산및결산위원회	
28	86	재정관리위원회	
29	87	헌금집계위원회	
30	88	헌금봉투관리위원회	
31	89	어르신헌금봉투도우미위원회	
32	90	건축헌금위원회	
33	91	재정운용정책연구위원회	
34	92	교회부설기관종합평가위원회	
35	93	직분자출석관리위원회	
36	94	대학학사관리위원회	
37	95	인쇄물관리·보관위원회	
38	96	언론보도물관리위원회	
39	97	교회문서고관리위원회	
40	98	헌법규정교회문서관리위원회	
41	99	공문서수발위원회	
42	100	일천번제관리위원회	

4. 교회 내 일치 사역

1	101	전교인인사방법연구위원회	

분야 번호	전체 번호	위원회명	지원 표시
2	102	전교인교제연구위원회	
3	103	전교인생일축하위원회	
4	104	생일축하문자위원회	
5	105	신생아첫출석환영위원회	
6	106	군입대및제대환영위원회	
7	107	성광가족구제사역위원회	
8	108	성광가족이사지원위원회	
9	109	성광가족건강증진위원회	
10	110	결혼식장준비사역위원회	
11	111	결혼식식당사역위원회	
12	112	장례식사역위원회	
13	113	레크리에이션활용및교육위원회	
14	114	컴퓨터및인터넷교육위원회	
15	115	스포츠사역위원회	
16	116	본교회탐방손님맞이위원회	
17	117	내방외국인안내및통역위원회	
18	118	남선교회협력 · 조정위원회	
19	119	여전도회협력 · 조정위원회	
20	120	농사사역위원회	
21	121	출산장려지원사역위원회	
22	122	전도자및봉사자탁아사역위원회	
23	123	2부예배탁아사역위원회	
24	124	3부예배탁아사역위원회	
25	125	미담발굴위원회	
26	126	사랑의이삭줍기사역위원회	
27	127	격려사역위원회	
28	128	취미사역총괄위원회	
29	129	대형차량봉사위원회	
30	130	교회학교각부협력조정위원회	
31	131	워십댄싱사역위원회	

분야 번호	전체 번호	위원회명	지원 표시
32	132	국악찬양사역위원회	
33	133	장년문화사역위원회	
34	134	안수집사대화사역위원회	
35	135	권사대화사역위원회	
36	136	항존직분자대화사역위원회	
37	137	항존직분자친교사역위원회	
38	138	개미시장사역위원회	
39	139	교회내복덕방사역위원회	
40	140	교회내직장알선위원회	
41	141	사랑의편지위원회(등록·낙심·장결자)	
42	142	개업축하위원회	

5. 기획 사역

분야 번호	전체 번호	위원회명	지원 표시
1	143	위원회조정위원회	
2	144	위원회사역종합평가위원회	
3	145	행정처리위원회	
4	146	구역편성위원회	
5	147	교회장기발전기획위원회	
6	148	주5일근무제대응연구위원회	
7	149	학교5일제대응프로그램위원회	
8	150	교회학교성장프로그램위원회	
9	151	리서치위원회	
10	152	인터넷검색위원회	
11	153	TV시청시간줄이기운동위원회	
12	154	창립30주년기념사업위원회	
13	155	교회30주년사발간위원회	
14	156	예수비전센터건축헌금위원회	
15	157	해외교회견학추진위원회	
16	158	선진교회견학추진위원회	
17	159	교회홍보사역위원회	
18	160	완도크리스챤문학상위원회	

분야 번호	전체 번호	위원회명	지원 표시
19	161	성지순례추진위원회	
20	162	중앙부처복지연결추진위원회	
21	163	성광사회복지재단설립추진위원회	
22	164	신용협동조합추진위원회	
23	165	담임목사저서발간추진위원회	
24	166	성광교회의노래제정위원회	
25	167	교회비전선언문작성위원회	
26	168	지역교회섬김위원회	
27	169	노회교회섬김위원회	
28	170	청소년문화행정연구위원회	
29	171	은사발견사역위원회	
30	172	교회갱신·개혁기획위원회	

6. 교회학교 교육 사역

분야 번호	전체 번호	위원회명	지원 표시
1	173	영아부위원회	
2	174	유아부위원회	
3	175	유년부위원회	
4	176	초등부위원회	
5	177	소년부위원회	
6	178	중등부위원회	
7	179	고등부위원회	
8	180	청년부위원회	
9	181	장년부위원회	
10	182	노년부위원회	
11	183	교회학교교육기획위원회	
12	184	교회학교장기발전위원회	
13	185	여름성경학교기획위원회	
14	186	겨울성경학교기획위원회	
15	187	신앙수련회기획위원회	
16	188	교사지원후원위원회	
17	189	교사훈련기획위원회	

분야 번호	전체 번호	위원회명	지원 표시
18	190	당회원과교사대화추진위원회	
19	191	교육프로그램개발위원회	

7. 목회 지원·협력 사역

1	192	목회프로그램자문위원회	
2	193	목회프로그램연구조사건의위원회	
3	194	목회프로그램평가위원회	
4	195	목회사역지원위원회	
5	196	특수목회사역재정후원위원회	

8. 기념행사 사역

1	197	부활절축하행사준비위원회	
2	198	맥추감사절준비위원회	
3	199	추수감사절준비위원회	
4	200	성탄절준비위원회	
5	201	새벽송준비위원회	
6	202	가정주일기념행사준비위원회	
7	203	어린이주일행사준비위원회	
8	204	어버이주일행사준비위원회	
9	205	부부주일행사준비위원회	
10	206	청년주일행사준비위원회	
11	207	송년주일송구영신예배준비위원회	
12	208	신년주일행사준비위원회	
13	209	새벽송팔랑카위원회	
14	210	전교인하계수련행사준비위원회	
15	211	임직행사준비위원회	
16	212	유아축복식준비위원회	
17	213	성년축복식준비위원회	
18	214	부부초청주일위원회	
19	215	미등록가족초청잔치위원회	
20	216	성찬식준비위원회	
21	217	세례식준비위원회	

분야 번호	전체 번호	위원회명	지원 표시
9. 관리 사역			
1	218	예배당환경·미화위원회	
2	219	강단장식위원회	
3	220	각종행사장식위원회	
4	221	음향및영상기기관리위원회	
5	222	교회비품관리위원회	
6	223	꿈틀비품관리위원회	
7	224	차량운행및관리위원회	
8	225	교역자차량관리위원회	
9	226	주차관리위원회	
10	227	주방관리위원회	
11	228	주일애찬위원회	
12	229	교회직원사택관리위원회	
13	230	교회부동산관리위원회	
14	231	교회묘지관리위원회	
15	232	강단화분관리위원회	
16	233	내방손님숙박관리위원회	
17	234	화초·화분관리위원회	
18	235	수목관리위원회	
19	236	화장실관리위원회	
20	237	주차장관리위원회	
21	238	현수막위원회	
22	239	대예배실글자판관리위원회	
23	240	자모실관리위원회1	
24	241	자모실관리위원회2	
25	242	새가족실관리위원회	
26	243	뷰티살롱관리위원회	
27	244	성찬준비실관리위원회	
28	245	개인기도실관리위원회	
29	246	예배중보기도실관리위원회	

분야 번호	전체 번호	위원회명	지원 표시
30	247	동시통역실관리위원회	
31	248	AV조정실관리위원회	
32	249	상담실관리위원회	
33	250	찬양단연습실관리위원회	
34	251	악기연습실관리위원회	
35	252	교회서점관리위원회	
36	253	교회역사실관리위원회	
37	254	선교센터관리위원회	
38	255	인터넷실관리위원회	
39	256	인쇄실관리위원회	
40	257	남선교회협의회실관리위원회	
41	258	여전도회협의회실관리위원회	
42	259	복지기관협의회실관리위원회	
43	260	재정부실관리위원회	
44	261	위원회연합사무실관리위원회	
45	262	의무실관리위원회	
46	263	선교자판기관리위원회	

10. 교회카페테리아 관리 사역

1	264	기획·관리위원회	
2	265	자원봉사위원회	
3	266	지원위원회	

11. 게스트하우스 관리 사역

1	267	기획·운영위원회	
2	268	홍보위원회	
3	269	자원봉사위원회	

12. 교회서점 관리 사역

1	270	기획·운영위원회	
2	271	자원봉사위원회	

B. 전도·양육·훈련 사역

1. 지역전도 사역

분야 번호	전체 번호	위원회명	지원 표시
1	272	목요전도강사위원회	
2	273	토요전도강사위원회	
3	274	주일전도강사위원회	
4	275	바울전도단위원회	
5	276	백지전도단위원회	
6	277	주일오후전교인축호전도위원회	
7	278	남성홀가정전도위원회	
8	279	여성홀가정전도위원회	
9	280	총력전도주일준비위원회	
10	281	새생명전도작전위원회	
11	282	문서전도위원회	
12	283	전도지기획위원회	
13	284	병원위문전도위원회	
14	285	장기전도기획위원회	
15	286	행정관서지원및전도위원회	
16	287	공기업지원및전도위원회	
17	288	경찰지원및전도위원회	
18	289	해경지원및전도위원회	
19	290	군지원및전도위원회	
20	291	재완외국인후원전도위원회	
21	292	해외결연전도위원회	
22	293	구역상시전도화위원회	
23	294	거리전도위원회	
24	295	휴대폰전도위원회	
25	296	편지전도위원회	
26	297	오디오테이프전도위원회	
27	298	시장·상가전도위원회	

분야 번호	전체 번호	위원회명	지원 표시
28	299	터미널선교사역위원회	
29	300	Z전도위원회	
30	301	맞춤전도위원회	
31	302	연안선교회추진위원회	
32	303	홀리클럽추진위원회	
33	304	직장신우회조직지원위원회	
34	305	낙심자재전도위원회	

2. 자율전도팀 사역

분야 번호	전체 번호	위원회명	지원 표시
1	306	팀자율전도기획·관리위원회	
2	307	성령나래자율전도팀위원회	
3	308	하나님의군대자율전도팀위원회	
4	309	예수향기자율전도팀위원회	
5	310	전도비전21자율전도팀위원회	
6	311	사람낚는어부자율전도팀위원회	
7	312	떴다홍팀자율전도팀위원회	
8	313	명사모자율전도팀위원회	
9	314	70인역자율전도팀위원회	
10	315	주님의기쁨자율전도팀위원회	
11	316	위대한일을행하라자율위원회	
12	317	바울자율전도팀위원회	
13	318	생명줄자율전도팀위원회	
14	319	두드림자율전도팀위원회	
15	320	글로리자율전도팀위원회	
16	321	지구촌가족자율전도팀위원회	
17	322	적토마자율전도팀위원회	
18	323	아들래자율전도팀위원회	
19	324	영혼구원자율전도팀위원회	

3. 성광가족 관리 사역

분야 번호	전체 번호	위원회명	지원 표시
1	325	심방관리위원회	
2	326	전화심방위원회	

분야 번호	전체 번호	위원회명	지원 표시
3	327	장기결석성도심방사역위원회	
4	328	성광가족모두모이는날준비위원회	
5	329	기관별잃은양찾기위원회	
6	330	구역관리위원회	
7	331	전도구역위원회	
8	332	외국인성도특별관리위원회	
9	333	권사심방위원회	

4. 양육 사역

분야 번호	전체 번호	위원회명	지원 표시
1	334	새가족영접위원회	
2	335	새가족섬김이사역위원회	
3	336	새가족차량봉사위원회	
4	337	새가족양육위원회	
5	338	소그룹미팅사역위원회	
6	339	일대일양육성경공부위원회	
7	340	제자훈련사역위원회	
8	341	새가족심방사역위원회	
9	342	QT사역위원회	
10	343	새가족성경공부위원회	
11	344	새생활성경공부위원회	
12	345	기독교기본진리공부위원회	
13	346	TD지원및후속관리위원회	
14	347	영성훈련위원회	
15	348	멘토링사역위원회	
16	349	세례교인계속교육위원회	
17	350	새가족환영찬양사역위원회	
18	351	새가족기념촬영사역위원회	
19	352	새가족등록위원회	
20	353	새가족영상준비위원회	

5. 전도훈련 사역

분야 번호	전체 번호	위원회명	지원 표시
1	354	구원의확신훈련위원회	

분야 번호	전체 번호	위원회명	지원 표시
2	355	전도폭발훈련위원회	
3	356	핵심5과훈련위원회	
4	357	고구마전도훈련위원회	
5	358	관계전도훈련위원회	
6	359	생활전도훈련위원회	
7	360	지도전도훈련위원회	
8	361	진돗개전도훈련위원회	
9	362	전도지전도훈련위원회	
10	363	빌립전도학교훈련위원회	
11	364	백지전도훈련위원회	

6. 성경공부 사역

분야 번호	전체 번호	위원회명	지원 표시
1	365	기초성경공부위원회	
2	366	크로스웨이성경공부위원회	
3	367	베델성경공부위원회	
4	368	성경통독사역위원회	
5	369	신앙서적독서사역위원회	
6	370	성경시험위원회	
7	371	주제별성경공부위원회	
8	372	책별성경공부위원회	
9	373	인물별성경공부위원회	
10	374	성경파노라마공부위원회	
11	375	주간성경공부위원회	
12	376	성경암송사역위원회	

C. 전문교육 사역

1. 직분자훈련 사역

분야 번호	전체 번호	위원회명	지원 표시
1	377	장로계속교육위원회	
2	378	권사계속교육위원회	
3	379	안수집사계속교육위원회	

분야 번호	전체 번호	위원회명	지원 표시
4	380	서리집사계속교육위원회	
5	381	권찰계속교육위원회	
6	382	구역장교육위원회	
7	383	교사교육위원회	
8	384	교구장교육위원회	
9	385	찬양단교육위원회	
10	386	성가대교육위원회	
11	387	사역팀장교육위원회	
12	388	위원장교육위원회	
13	389	전도인교육위원회	
14	390	항존직피택자교육위원회	
15	391	항존직분자세미나준비위원회	

2. 가나 사역(신혼부부학교)

1	392	운영위원회	
2	393	기획위원회	
3	394	강사위원회	
4	395	지원·봉사위원회	
5	396	후원위원회	

3. 아굴라·브리스길라(부부학교)

1	397	운영위원회	
2	398	기획위원회	
3	399	강사위원회	
4	400	지원·봉사위원회	
5	401	후원위원회	

4. 므두셀라(노인학교)

1	402	운영위원회	
2	403	기획위원회	
3	404	강사위원회	
4	405	지원·봉사위원회	
5	406	후원위원회	

분야 번호	전체 번호	위원회명	지원 표시

5. 다비다(홀여성학교)

1	407	운영위원회	
2	408	기획위원회	
3	409	강사위원회	
4	410	지원·봉사위원회	
5	411	후원위원회	

6. 시므온(홀남성학교)

1	412	운영위원회	
2	413	기획위원회	
3	414	강사위원회	
4	415	지원·봉사위원회	
5	416	후원위원회	

7. 결혼예비학교

1	417	운영위원회	
2	418	기획위원회	
3	419	강사위원회	
4	420	지원·봉사위원회	
5	421	후원위원회	

8. 아브라함학교(아버지)

1	422	운영위원회	
2	423	기획위원회	
3	424	강사위원회	
4	425	지원·봉사위원회	
5	426	후원위원회	

9. 사라학교(어머니)

1	427	운영위원회	
2	428	기획위원회	
3	429	강사위원회	
4	430	지원·봉사위원회	
5	431	후원위원회	

분야 번호	전체 번호	위원회명	지원 표시
10. 이삭학교(자녀)			
1	432	운영위원회	
2	433	기획위원회	
3	434	강사위원회	
4	435	지원·봉사위원회	
5	436	후원위원회	
11. QT(성경묵상)학교			
1	437	초급반위원회	
2	438	중급반위원회	
3	439	고급반위원회	
4	440	지도자반위원회	
5	441	나눔방위원회	
12. 전도폭발학교			
1	442	운영위원회	
2	443	훈련위원회	
13. 제자훈련학교			
1	444	운영위원회	
2	445	훈련위원회	
14. 은사사역학교			
1	446	은사발견세미나위원회	
2	447	은사활용교육위원회	
3	448	은사배치위원회	
4	449	기획위원회	
15. G12사역학교			
1	450	운영위원회	
2	451	훈련위원회	
16. 위원회사역학교			
1	452	운영위원회	
2	453	훈련위원회	

분야 번호	전체 번호	위원회명	지원 표시

17. 평신도사관학교

1	454	운영위원회	
2	455	훈련위원회	

18. 창조과학학교

1	456	운영위원회	
2	457	훈련위원회	

19. 한글학교

1	458	운영위원회	
2	459	교육위원회	

20. 중학교 사역

1	460	운영위원회	
2	461	교사위원회	
3	462	후원위원회	

21. 고등학교 사역

1	463	운영위원회	
2	464	교사위원회	
3	465	후원위원회	

22. 중고등학교자격고시학교

1	466	운영위원회	
2	467	교사위원회	
3	468	후원위원회	

23. 대학 사역

1	469	운영위원회	
2	470	교사위원회	
3	471	후원위원회	

24. 대학교 사역

1	472	운영위원회	
2	473	교사위원회	
3	474	후원위원회	

분야 번호	전체 번호	위원회명	지원 표시
25. 대학원 사역			
1	475	운영위원회	
2	476	교사위원회	
3	477	후원위원회	
26. 평생교육원 사역			
1	478	운영위원회	
2	479	교사위원회	
3	480	후원위원회	
27. 아이맘스쿨			
1	481	운영위원회	
2	482	교사위원회	
3	483	후원위원회	
28. 어른대학			
1	484	운영위원회	
2	485	교사위원회	
3	486	후원위원회	
29. 자원봉사자학교			
1	487	운영위원회	
2	488	훈련위원회	
3	489	홍보위원회	

D. 지역사회봉사 사역

1. 사회봉사 사역

1	490	전교인헌혈추진위원회	
2	491	장기기증추진위원회	
3	492	장학사역위원회	
4	493	사회불우시설봉사위원회	
5	494	사랑의바자회사역위원회	
6	495	주택수리사역위원회	

분야 번호	전체 번호	위원회명	지원 표시
7	496	이사지원위원회	
8	497	구제사역위원회	
9	498	독거노인결연및후원위원회	
10	499	소년소녀가장결연후원위원회	
11	500	환경보호사역위원회	
12	501	지역사회문제대책위원회	
13	502	지역사회발전연구위원회	
14	503	지역문제발굴위원회	
15	504	지역행사지원사역위원회	
16	505	지역문화사역위원회	
17	506	지역단체와기관협력위원회	
18	507	지역행정협력위원회	
19	508	지역봉사연구기획위원회	
20	509	지역주민친화위원회	
21	510	지방자치연구위원회	
22	511	대완도표어사역위원회	
23	512	장보고축제후원위원회	
24	513	장묘문화개선사역위원회	
25	514	사회복지프로그램개발위원회	
26	515	복지사역총괄기획관리위원회	
27	516	남북통일연구및대책위원회	
28	517	여름철해변축제추진위원회	
29	518	동계영화축제위원회	
30	519	귀화한국인사랑위원회	
31	520	미화원사랑위원회	
32	521	운전기사사랑위원회	
33	522	어르신사랑잔치위원회	
34	523	거리청소위원회	
35	524	지역미화위원회	
36	525	지역사랑협력위원회	

분야 번호	전체 번호	위원회명	지원 표시
2. 스포츠동호인 사역			
1	526	스포츠사역총괄위원회	
2	527	축구위원회	
3	528	야구위원회	
4	529	배구위원회	
5	530	테니스위원회	
6	531	탁구위원회	
7	532	족구위원회	
8	533	발야구위원회	
9	534	골프위원회	
10	535	자전거위원회	
11	536	모터사이클위원회	
12	537	에어로빅위원회	
13	538	지역·교회축구대회위원회	
14	539	지역·교회배구대회위원회	
15	540	지역·교회테니스대회위원회	
3. 취미 사역			
1	541	등산위원회	
2	542	낚시위원회	
3	543	우표수집위원회	
4	544	음악감상위원회	
5	545	여행위원회	
6	546	외국여행위원회	
7	547	영화감상위원회	
8	548	컴퓨터게임위원회	
9	549	독서위원회	
10	550	기타연주위원회	
11	551	아트풍선위원회	
12	552	노래사랑위원회	
13	553	서예위원회	

분야 번호	전체 번호	위원회명	지원 표시
14	554	서각위원회	
15	555	도자기위원회	
16	556	사물놀이위원회	
17	557	동양화위원회	
18	558	서양화위원회	
19	559	판소리·창위원회	
20	560	국악악기위원회	
21	561	청해진서예대전위원회	
22	562	청해진동양화대전위원회	

4. 케어 사역

분야 번호	전체 번호	위원회명	지원 표시
1	563	실직인사랑위원회	
2	564	도박중독인사랑위원회	
3	565	알코올중독인사랑위원회	
4	566	암환자사랑위원회	
5	567	난치병형제자매사랑위원회	
6	568	외모콤플렉스인사랑위원회	
7	569	인터넷중독인사랑위원회	
8	570	약물중독인사랑위원회	
9	571	의존중독인사랑위원회	
10	572	우울증형제자매사랑위원회	
11	573	이혼자가족사랑위원회	

5. 국제결혼추진 사역

분야 번호	전체 번호	위원회명	지원 표시
1	574	운영·기획위원회	
2	575	실무위원회	
3	576	홍보위원회	
4	577	후원위원회	

6. 성광종합도서관 사역

분야 번호	전체 번호	위원회명	지원 표시
1	578	기획위원회	
2	579	어린이도서실위원회	
3	580	청소년도서실위원회	

분야 번호	전체 번호	위원회명	지원 표시
4	581	교회학교교사도서실위원회	
5	582	실버도서실위원회	
6	583	외국어도서실위원회	

7. 성광영화관 사역

분야 번호	전체 번호	위원회명	지원 표시
1	584	운영·기획위원회	
2	585	홍보위원회	

8. 청해진문화대학

분야 번호	전체 번호	위원회명	지원 표시
1	586	운영·기획위원회	
2	587	홍보위원회	
3	588	강사위원회	
4	589	지원위원회	

E. 복지 사역

1. 복지 사역 총괄

분야 번호	전체 번호	위원회명	지원 표시
1	590	복지사역총괄기획위원회	
2	591	복지기관총괄운영위원회	
3	592	중앙부처인터넷위원회	
4	593	복지기관평가및감사위원회	

2. 사단법인 "꿈틀" 사역

분야 번호	전체 번호	위원회명	지원 표시
1	594	이사회	
2	595	기획위원회	
3	596	회원관리위원회	

3. 사단법인 "행복한쉼터" 사역

분야 번호	전체 번호	위원회명	지원 표시
1	597	이사회	
2	598	기획위원회	
3	599	회원관리위원회	

4. 성광어린이집 사역

분야 번호	전체 번호	위원회명	지원 표시
1	600	운영위원회	
2	601	교육위원회	

분야 번호	전체 번호	위원회명	지원 표시
3	602	차량봉사위원회	
4	603	자원봉사위원회	

5. 완도청소년문화의집 사역

분야 번호	전체 번호	위원회명	지원 표시
1	604	운영관리위원회	
2	605	실행위원회	
3	606	프로그램개발위원회	
4	607	자문위원회	
5	608	자원봉사총괄위원회	
6	609	2층비전하우스자원봉사위원회	
7	610	3층봉사위원회	
8	611	4층봉사위원회	
9	612	차량봉사위원회	
10	613	도서관및공부방사역위원회	
11	614	영상사역위원회	
12	615	브리핑위원회	
13	616	홍보위원회	
14	617	완도군피아노경연대회준비위원회	
15	618	완도군학생시화전준비위원회	
16	619	노래자랑대회위원회	
17	620	컴퓨터게임대회위원회	

6. 완도청소년지원센터 사역

분야 번호	전체 번호	위원회명	지원 표시
1	621	운영·관리위원회	
2	622	프로그램위원회	
3	623	자원봉사위원회	
4	624	지원위원회	
5	625	차량봉사위원회	

7. 방과후아카데미 사역

분야 번호	전체 번호	위원회명	지원 표시
1	626	운영·관리위원회	
2	627	프로그램위원회	
3	628	자원봉사위원회	

분야 번호	전체 번호	위원회명	지원 표시
4	629	강사위원회	
5	630	지원위원회	
6	631	차량봉사위원회	

8. 청해노인전문요양원 봉사 사역

분야 번호	전체 번호	위원회명	지원 표시
1	632	청소봉사위원회	
2	633	목욕봉사위원회	
3	634	이·미용봉사위원회	
4	635	세탁봉사위원회	
5	636	환경정리봉사위원회	
6	637	화단·정원봉사위원회	

9. 성광지역 아동센터 사역

분야 번호	전체 번호	위원회명	지원 표시
1	638	운영·관리위원회	
2	639	기획위원회	
3	640	차량봉사위원회	
4	641	강의봉사위원회	
5	642	도우미위원회	
6	643	상담위원회	

10. 성광노인복지센터 사역

분야 번호	전체 번호	위원회명	지원 표시
1	644	운영관리위원회	
2	645	차량봉사위원회	
3	646	방문요양센터위원회	
4	647	방문목욕센터위원회	
5	648	바우처센터위원회	
6	649	주간보호센터위원회	
7	650	요양원위원회	
8	651	지원위원회	

11. 다문화가족지원센터 사역

분야 번호	전체 번호	위원회명	지원 표시
1	652	운영·관리위원회	
2	653	기획위원회	
3	654	한글교육위원회	

분야 번호	전체 번호	위원회명	지원 표시
4	655	예절교육위원회	
5	656	한문교육위원회	
6	657	취미위원회	
7	658	레크레이션위원회	
8	659	가정생활위원회	
9	660	상담위원회	
10	661	이혼예방교육위원회	
11	662	복음제시위원회	

12. 다문화도서관 사역

1	663	운영·기획위원회	
2	664	도서수집위원회	
3	665	후원위원회	

13. 수능공부방 봉사 사역

1	666	강의봉사위원회	
2	667	차량봉사위원회	
3	668	상담위원회	

14. 청소년공부방 사역

1	669	운영위원회	
2	670	자원봉사위원회	

15. 독거노인도시락봉사센터 사역

1	671	도시락봉사위원회	
2	672	배달차량봉사위원회	
3	673	후원위원회	

16. 결식아동도시락봉사센터 사역

1	674	아동도시락봉사위원회	
2	675	배달차량봉사위원회	
3	676	후원위원회	

17. 건강가정지원센터 사역

1	677	운영위원회	
2	678	프로그램위원회	

분야 번호	전체 번호	위원회명	지원 표시
3	679	차량봉사위원회	
4	680	상담위원회	
5	681	지원위원회	

18. 아이돌봄 사역

분야 번호	전체 번호	위원회명	지원 표시
1	682	운영위원회	
2	683	기획위원회	
3	684	상담위원회	
4	685	지원위원회	

19. 성광자원봉사센터 사역

분야 번호	전체 번호	위원회명	지원 표시
1	686	성광남성자원봉사위원회	
2	687	성광여성자원봉사위원회	
3	688	독거노인환경미화봉사	
4	689	노인가정업무대행봉사	
5	690	지역자원봉사단체협력	
6	691	자원봉사개발위원회	

20. 장애우·병원 봉사 사역

분야 번호	전체 번호	위원회명	지원 표시
1	692	의료봉사사역위원회	
2	693	중환자간호사역위원회	
3	694	호스피스위원회	
4	695	장애우재활교육및개발위원회	
5	696	수화및통역사역위원회	
6	697	장애인차량봉사위원회	
7	698	병원위문사역위원회	

21. 경로 사역

분야 번호	전체 번호	위원회명	지원 표시
1	699	경로사역총괄위원회	
2	700	경로당건립추진위원회	
3	701	경로봉사위원회	
4	702	게이트볼위원회	
5	703	서예위원회	
6	704	동양화위원회	

분야 번호	전체 번호	위원회명	지원 표시
7	705	민요위원회	
8	706	시조 창·판소리위원회	
9	707	수지침위원회	
10	708	컴퓨터·인터넷위원회	
11	709	상담위원회	
12	710	성경공부위원회	
13	711	운동위원회	
14	712	건강강좌위원회	

22. 중년남성 사역

분야 번호	전체 번호	위원회명	지원 표시
1	713	남성센터건립위원회	
2	714	남성사역총괄위원회	
3	715	등산위원회	
4	716	사물놀이위원회	
5	717	독서위원회	
6	718	상담위원회	
7	719	컴퓨터·인터넷위원회	
8	720	악기연주위원회	
9	721	스포츠위원회	
10	722	외국어위원회	
11	723	성경공부위원회	
12	724	말씀묵상위원회	
13	725	그림위원회	
14	726	노래위원회	
15	727	서예위원회	

23. 주부 사역

분야 번호	전체 번호	위원회명	지원 표시
1	728	주부대학사역위원회	
2	729	주부문화센터건립위원회	
3	730	주부사역총괄위원회	
4	731	연극위원회	
5	732	서예위원회	

분야 번호	전체 번호	위원회명	지원 표시
6	733	사물놀이위원회	
7	734	독서위원회	
8	735	상담위원회	
9	736	꽃꽂이위원회	
10	737	컴퓨터·인터넷위원회	
11	738	스포츠위원회	
12	739	그림위원회	
13	740	음악감상위원회	
14	741	악기연주위원회	
15	742	외국어위원회	
16	743	수지침위원회	
17	744	말씀묵상위원회	

24. 아동 사역

분야 번호	전체 번호	위원회명	지원 표시
1	745	어린이회관건립위원회	
2	746	아동사역위원회	
3	747	상담위원회	
4	748	독서위원회	
5	749	악기위원회	
6	750	비전수립도움위원회	

25. 외국인 사역

분야 번호	전체 번호	위원회명	지원 표시
1	751	외국인실태조사위원회	
2	752	외국인예배위원회	
3	753	외국어상담위원회	
4	754	외국어성경공부위원회	
5	755	외국인문화후원위원회	

26. 성광종합사회복지법인 사역

분야 번호	전체 번호	위원회명	지원 표시
1	756	법인설립추진위원회	
2	757	운영위원회	
3	758	지원위원회	

분야 번호	전체 번호	위원회명	지원 표시

27. 다문화식당 해피하우스 사역

1	759	운영·기획위원회	
2	760	인력관리위원회	
3	761	홍보위원회	

F. 선교 사역

1. 국내선교 사역

1	762	농어촌미자립교회후원위원회	
2	763	미자립교회봉사사역위원회	
3	764	농어촌선교정책수립위원회	
4	765	국내교회선교협력위원회	
5	766	교회개척위원회	
6	767	미자립교회협력사역위원회	
7	768	교회연합사업위원회	

2. 대외선교협력 사역

1	769	소그룹사역홍보위원회	
2	770	전도간증사역위원회	
3	771	평신도사역홍보위원회	
4	772	전도훈련및전수위원회	

3. 해외선교 사역

1	773	박용성선교사후원위원회	
2	774	홍순규선교사후원위원회	
3	775	추화선교사후원위원회	
4	776	이미애선교사후원위원회	
5	777	재중국동포(조선족)선교위원회	
6	778	재러시아(고려인)선교위원회	
7	779	탈북동포지원선교위원회	
8	780	재완외국인근로자선교위원회	
9	781	정영효이집트선교사후원위원회	

분야 번호	전체 번호	위원회명	지원 표시
10	782	말레이선교·선교사후원위원회	
11	783	중국선교·선교사후원위원회	
12	784	러시아선교·선교사후원위원회	
13	785	페루선교·선교사후원위원회	
14	786	(러)남일우선교사후원위원회	
15	787	아프리카선교위원회	
16	788	몽골·티베트선교위원회	
17	789	남미선교위원회	
18	790	이스라엘선교사역위원회	
19	791	회교권선교위원회	
20	792	인도·네팔·파키스탄선교위원회	
21	793	미얀마·라오스·캄보디아선교위원회	
22	794	베트남·태국선교위원회	

4. 선교기획 사역

분야 번호	전체 번호	위원회명	지원 표시
1	795	단기선교위원회	
2	796	해외선교기획위원회	
3	797	미전도종족조사위원회	
4	798	해외교회선교협력위원회	
5	799	선교단체후원·협력위원회	
6	800	선교통신관리사역위원회	
7	801	선교현황판관리위원회	
8	802	해외선교결연위원회	
9	803	국내선교결연위원회	
10	804	해외선교지탐방추진위원회	

G. 건강한 한국 교회 지원 사역

1. 평신도사역목회연구원 사역

분야 번호	전체 번호	위원회명	지원 표시
1	805	기획위원회	
2	806	홍보위원회	

분야 번호	전체 번호	위원회명	지원 표시
3	807	훈련위원회	
4	808	지원위원회	

2. 개인전도훈련원 사역

분야 번호	전체 번호	위원회명	지원 표시
1	809	기획위원회	
2	810	홍보위원회	
3	811	훈련위원회	
4	812	강사위원회	
5	813	지원위원회	

교회가 모여 교회가 되는 교회
Lay Ministry

지은이 정우겸
펴낸곳 주식회사 홍성사
펴낸이 정애주
국효숙 김의연 박혜란 손상범
송민규 오민택 임영주 차길환

2024. 4. 30. 초판 1쇄 인쇄   2024. 5. 10. 초판 1쇄 발행

등록번호 제1-499호 1977. 8. 1.
주소 (04084) 서울시 마포구 양화진4길 3   **전화** 02) 333-5161   **팩스** 02) 333-5165
홈페이지 hongsungsa.com   **이메일** hsbooks@hongsungsa.com
페이스북 facebook.com/hongsungsa
양화진책방 02) 333-5161

ⓒ 정우겸, 2024

ISBN 978-89-365-0393-2 (03230)